CARRÉS CLASSIQUES

Collection COLLÈGE dirigée par
Cécile de Cazanove
Agrégée de Lettres modernes

3 contes sur la curiosité

XVIIe – XIXe siècles

Textes intégraux

Édition présentée par
Nicolas Saulais
Certifié de Lettres modernes

Nathan

Sommaire

Avant la lecture

Lire Trois contes sur la curiosité

ISBN : 978-2-09-188508-7

Après la lecture

Autre lecture

Dossier central images en couleurs

Jeune fille écoutant à la porte, carte de Noël (lithographie), 1908.

Avant la lecture

Qui êtes-vous...

Qui êtes-vous, Charles Perrault ?

Racontez-nous vos brillantes années.

Je suis né à Paris en janvier 1628, dans une famille de la **haute bourgeoisie**. Dès le collège, je me passionne pour la littérature. Élève brillant, travailleur et grand lecteur, je dévore de très nombreux livres.

Je commence des études littéraires puis obtiens **une licence de droit**. Je deviens avocat en 1651. Trois ans plus tard, j'abandonne ce métier pour me consacrer aux affaires, aux côtés de mon frère, un important financier. Nous travaillons ensemble de 1654 à 1664.

Ma carrière est exemplaire. J'attire l'attention et la confiance de l'un des principaux ministres de Louis XIV, Colbert. Intelligent et habile, je suis chargé de la politique artistique et littéraire du roi dès 1663.

Je suis élu à l'Académie française en 1671. Je contribue au rayonnement de cette institution, en participant, par exemple, à l'achèvement du **premier *Dictionnaire de l'Académie française***.

En 1672, j'épouse Marie Guichon, qui me donnera quatre enfants. Elle disparaît six ans plus tard.

La mort de Colbert en 1683 marque la fin de ma carrière politique. Écarté du

- 1628 — Naissance de Perrault
- 1643 — Mort de Louis XIII
- 1661 — Début du règne personnel de Louis XIV
- 1663-1683 — Carrière au service du roi
- 1668 — *Fables* de La Fontaine (livres I à VI)

pouvoir et veuf, je me retire de la vie publique pour **me consacrer à l'éducation de mes enfants**.

Comment en êtes-vous venu à écrire des contes ?

Je suis déjà fort âgé lorsque je rédige l'ouvrage qui me rendra célèbre : les *Histoires ou contes du temps passé avec des moralités* (appelés aussi *Contes de ma mère l'Oye*) en 1697. La « Mère l'Oye » désigne **une nourrice qui raconte des histoires**.

Ces contes sont issus de la tradition orale. Surtout destinés aux adultes, ils sont racontés, le soir à la veillée, dans les villes et villages. Mon travail consiste à les écrire de façon plaisante et à ajouter des moralités.

Mes contes rencontrent **un succès européen puis mondial**. Ils inspirent encore les artistes du XXe siècle, comme Walt Disney. ■

Charles Perrault meurt le 15 mai 1703 à Paris.

1671	1682	1694	1697	1703	1715
Perrault élu à l'Académie française	Louis XIV s'installe à Versailles	Première édition du *Dictionnaire de l'Académie française*	Publication des *Contes de ma mère l'Oye*	Mort de Charles Perrault	Mort de Louis XIV

Qui êtes-vous, Mme Leprince de Beaumont ?

Parlez-nous de votre jeunesse mouvementée.

Je m'appelle Jeanne Marie Leprince et je suis née à Rouen en avril 1711. La vie s'écoule tranquillement, jusqu'à mes dix ans. Mais à cette date, ma mère meurt et nous sommes, ma famille et moi, séparées. Je me retrouve ainsi, à quatorze ans, **institutrice** au couvent d'Ernemont, à Rouen. Je me découvre une véritable passion pour l'enseignement et l'année suivante, j'enseigne la lecture à une trentaine de filles d'ouvriers. Je reste une dizaine d'années dans ce couvent avant de devenir **gouvernante d'une princesse**.

À trente-deux ans, j'épouse Grimard de Beaumont. Hélas, l'infidélité de mon mari aboutit deux ans plus tard à l'annulation de notre mariage.

Pourquoi vous surnomme-t-on la « magasinière » ?

Pour gagner ma vie, je pars pour Londres en 1748 où je m'établis comme **gouvernante et éducatrice**. La même année, *Le Triomphe de la vérité*, mon premier roman, est publié en France.

Afin de rendre mon enseignement plus amusant, je prends l'habitude d'inventer des contes. **Je commence à écrire uniquement pour la jeunesse**, en donnant à mes récits une couleur morale. Mes personnages sont bons, honnêtes, intelligents et raisonnables. Je publie en 1757 un premier recueil de

1711 — Naissance de Mlle Leprince

1715 — Mort de Louis XIV, Régence

1723 — Début du règne de Louis XV

1725 — Découverte d'une passion : l'enseignement

1748 — Installation à Londres

contes, intitulé *Le Magasin des enfants*. L'un de ces contes, *La Belle et la Bête*, assurera ma célébrité. J'entends par *magasin*, tiré du mot *magazine*, une **collection littéraire et scientifique** destinée à la jeunesse, mais également aux femmes. Mon *Magasin des enfants* est un dialogue entre une sage gouvernante – c'est-à-dire moi ! – et plusieurs élèves. C'est Voltaire qui me surnommait « la Magasinière ». Je suis la première, dans la littérature française, à écrire de nombreux contes uniquement pour la jeunesse. Charles Perrault, avant moi, destinait ses écrits aux adultes autant qu'aux enfants.

Entre 1750 et 1780, je ferai paraître quarante volumes, dont les plus connus sont *Le Magasin des adolescentes* (1760) et *Le Magasin des pauvres* (1768).

Quand retournez-vous en France ?

1762 marque mon retour à Paris, où je crée un pensionnat pour jeunes filles fortunées. J'achète peu de temps après une terre à Chavanod, dans le duché de Savoie. Je m'occupe de mon jardin et de mes terres. Je me consacre aussi à l'écriture de **traités d'histoire, de grammaire et de théologie**. Je passe mes étés chez une amie, une ancienne de mes pensionnaires, au château d'Ubexy dans les Vosges. En 1776, je publie un roman largement inspiré de mon existence, les *Mémoires de la baronne de Batteville*. ■

Mme Leprince de Beaumont meurt le 8 septembre 1780 à Chavanod. Elle est enterrée à Ubexy.

- 1757 : *Le Magasin des enfants*
- 1762 : Retour en France
- 1774 : Début du règne de Louis XVI
- 1778 : Mort de Voltaire et de Rousseau
- 1780 : Mort de Mme Leprince de Beaumont

Qui êtes-vous, Mme la comtesse de Ségur ?

Où êtes-vous née ?

Je suis née à Saint-Pétersbourg en juillet 1799 dans **une famille de la noblesse russe**. Je m'appelle Sophie Feodorovna Rostopchine. D'un naturel curieux, je parle rapidement plusieurs langues.

Mon père, ministre du tsar Paul Ier et gouverneur de Moscou, repousse la Grande Armée napoléonienne en septembre 1812, en ordonnant l'incendie de la ville. À cause de cette décision, mon père tombe en disgrâce.

Notre famille s'exile en Pologne en 1814, puis nous arrivons en France en 1817.

Racontez-nous votre vie d'épouse et de mère.

Installée dans ma nouvelle patrie, j'épouse le comte Eugène de Ségur deux ans plus tard. Lors de mon voyage de noces, je remarque un joli **château en Normandie**, qui me rappelle le domaine russe de mon enfance. Ce sera mon refuge. Je donne naissance à huit enfants et me consacre entièrement à leur éducation.

Pourquoi devenez-vous écrivain à 58 ans ?

Lorsque je deviens grand-mère, je commence à **raconter des histoires à**

- *1799* — Naissance de Sophie Rostopchine
- *1804* — Napoléon Ier sacré empereur
- *1812* — Campagne de Russie. Incendie de Moscou
- *1815* — Restauration ; avènement de Louis XVIII
- *1817* — Exil de la famille Rostopchine en France
- *1819* — Mariage avec le comte de Ségur
- *1830* — Début de la monarchie de Juillet

mes petits-enfants. Un jour, Camille et Madeleine, deux de mes petites-filles, doivent suivre leur père, qui travaille désormais à Londres ; comme je ne peux plus leur raconter d'histoires de vive voix, je décide de prendre la plume afin d'écrire mes récits. Mon premier recueil, intitulé *Les Nouveaux Contes de fées*, devient rapidement célèbre. Je publie au total **une vingtaine de romans** entre 1857 et 1872, dans la célèbre « Bibliothèque rose ».
Pour moi, l'enfant est autant un personnage qu'un lecteur. J'aborde dans mes histoires des thèmes très réalistes, car je souhaite peindre le quotidien : on me surnommera d'ailleurs « la Balzac des enfants ». Je critique violemment les punitions sévères qui peuvent marquer profondément les enfants. Des *Petites Filles modèles* (1858) au *Bon Petit Diable* (1865) en passant par *Les Malheurs de Sophie* (1864) ou *Le Général Dourakine* (1866), je souhaite à la fois **donner du plaisir et transmettre une morale**.

Mes héros, actifs, ne sont pas naturellement sages. En cela, je bouleverse la littérature enfantine, car, selon moi, l'éducation passe par les bêtises et les erreurs qui ne demandent qu'à être rectifiées.

Des ennuis de santé marquent la fin de mon existence. Je souffre notamment de terribles maux de gorge qui m'empêchent de parler. Et c'est à l'aide d'une ardoise que je communique avec mon entourage. ■

La comtesse de Ségur meurt le 9 février 1874. Elle est enterrée à Pluneret en Bretagne.

1848	1852	1857	1858	1864	1870	1874
IIe République	Second Empire	*Les Nouveaux Contes de fées*	*Les Petites Filles modèles*	*Les Malheurs de Sophie*	Guerre franco-prussienne. IIIe République	Mort de la comtesse de Ségur

Illustration anonyme russe (1911).

Lire

Charles Perrault

La Barbe Bleue

1697

texte intégral

Qui sont les personnages ?

La Barbe Bleue

Énigmatique, sombre et riche, cet homme possède une barbe bleue qui le rend hideux et effrayant. Il vient de se marier avec une jeune femme de son voisinage. Mais que sont devenues ses anciennes épouses, étrangement disparues ?

➡ *Quel terrible secret cet homme dissimule-t-il ?*

La jeune épouse

Voisine de la Barbe Bleue, elle a accepté de l'épouser. Un jour, après leur mariage, son mari doit s'absenter. La Barbe Bleue confie à sa femme toutes les clefs du château, mais il lui interdit d'entrer dans l'une des pièces.

➡ *Parviendra-t-elle à résister à la tentation ?*

Il était une fois un homme qui avait de belles maisons à la ville et à la campagne, de la vaisselle d'or et d'argent, des meubles en broderie[1] et des carrosses tout dorés. Mais, par malheur, cet homme avait la barbe bleue : cela le rendait si laid et si terrible, qu'il n'était ni femme ni fille qui ne s'enfuît[2] de devant lui.

Une de ses voisines, dame de qualité[3], avait deux filles parfaitement belles. Il lui en demanda une en mariage, et lui laissa le choix de celle qu'elle voudrait lui donner. Elles n'en voulaient point toutes deux, et se le renvoyaient l'une à l'autre, ne pouvant se résoudre à prendre un homme qui eût la barbe bleue. Ce qui les dégoûtait encore, c'est qu'il avait déjà épousé plusieurs femmes, et qu'on ne savait ce que ces femmes étaient devenues.

La Barbe Bleue, pour faire connaissance, les mena, avec leur mère et trois ou quatre de leurs meilleures amies et quelques jeunes gens du voisinage, à une de ses maisons de campagne, où on demeura huit jours entiers. Ce n'étaient que promenades, que parties de chasse et de pêche, que danses et festins, que collations[4] : on ne dormait point et on passait toute la nuit à se faire des malices[5] les uns aux autres ; enfin tout alla si bien que la cadette commença à trouver que le maître du logis n'avait plus la barbe si bleue, et que c'était un fort honnête homme[6].

Dès qu'on fut de retour à la ville, le mariage se conclut. Au bout d'un mois, la Barbe Bleue dit à sa femme qu'il était obligé de faire un voyage en province, de six semaines au moins, pour une affaire de conséquence[7] ; qu'il la priait de se bien divertir[8] pendant son absence ; qu'elle fît venir

Il était une fois…

Le conte commence souvent par une formule comme « Il était une fois… » ou « Il y a de cela mille ans et plus… », ou encore « Du temps où les bêtes parlaient… » : ces mots agissent comme des formules magiques, qui permettent au lecteur de se transporter dans un temps reculé, où tout est possible.

1. Recouverts de broderies.
2. Que toutes les femmes et les jeunes filles s'enfuyaient.
3. Issue de la noblesse.
4. Repas légers.
5. S'amuser, se taquiner.
6. Au XVIIe siècle, homme qui possède à la fois des qualités d'esprit et de cœur.
7. Importante.
8. Il lui demandait de bien s'amuser.

ses bonnes amies; qu'elle les menât à la campagne, si elle voulait; que partout elle fît bonne chère[1].

« Voilà, dit-il, les clefs des deux grands garde-meubles; voilà celles de la vaisselle d'or et d'argent, qui ne sert pas tous les jours; voilà celles de mes coffres-forts où est mon or et mon argent; celles des cassettes[2] où sont mes pierreries[3], et voilà le passe-partout[4] de tous les appartements. Pour cette petite clef-ci, c'est la clef du cabinet[5] au bout de la grande galerie de l'appartement bas : ouvrez tout, allez partout; mais, pour ce petit cabinet, je vous défends d'y entrer, et je vous le défends de telle sorte que s'il vous arrive de l'ouvrir, il n'y a rien que vous ne deviez attendre de ma colère[6]. »

Elle promit d'observer[7] exactement tout ce qui lui venait d'être ordonné, et lui, après l'avoir embrassée, il monte dans son carrosse, et part pour son voyage. Les voisines et les bonnes amies n'attendirent pas qu'on les envoyât quérir[8] pour aller chez la jeune mariée, tant elles avaient d'impatience de voir toutes les richesses de sa maison, n'ayant osé y venir pendant que le mari y était, à cause de sa barbe bleue, qui leur faisait peur.

Les voilà aussitôt à parcourir les chambres, les cabinets, les garde-robes[9], toutes plus belles et plus riches les unes que les autres. Elles montèrent ensuite aux garde-meubles, où elles ne pouvaient assez admirer[10] le nombre et la beauté des tapisseries, des lits, des sofas, des cabinets, des guéridons[11], des tables et des miroirs où l'on se voyait depuis les pieds jusqu'à la tête, et dont les bordures, les unes de glace, les autres d'argent et de vermeil doré[12], étaient les plus belles et les plus magnifiques qu'on eût jamais vues.

1. De bons repas.
2. Coffrets où l'on conserve des objets précieux.
3. Pierres précieuses.
4. Clef qui ouvre toutes les portes.
5. De la petite pièce.
6. Ma colère ne connaîtra aucune limite.
7. D'obéir à.
8. Chercher.
9. Pièces où l'on range les vêtements.
10. Ne cessaient d'admirer.
11. Petites tables.
12. D'argent recouvert d'or.

Elles ne cessaient d'exagérer et d'envier le bonheur de leur amie, qui cependant, ne se divertissait point à voir toutes ces richesses, à cause de l'impatience qu'elle avait d'aller ouvrir le cabinet de l'appartement bas.

Elle fut si pressée de[13] sa curiosité, que sans considérer qu'il était malhonnête[14] de quitter sa compagnie, elle y descendit par un petit escalier dérobé, et avec tant de précipitation qu'elle pensa se rompre le cou deux ou trois fois.

Étant arrivée à la porte du cabinet, elle s'y arrêta quelque temps, songeant à la défense que son mari lui avait faite, et considérant qu'il pourrait lui arriver malheur d'avoir été désobéissante; mais la tentation était si forte qu'elle ne put la surmonter : elle prit donc la petite clef, et ouvrit en tremblant la porte du cabinet.

D'abord elle ne vit rien, parce que les fenêtres étaient fermées. Après quelques moments, elle commença à voir que le plancher était tout couvert de sang caillé[15], et que dans ce sang, se miraient[16] les corps de plusieurs femmes mortes et attachées le long des murs : c'était toutes les femmes que la Barbe Bleue avait épousées, et qu'il avait égorgées l'une après l'autre.

Elle pensa mourir de peur, et la clef du cabinet, qu'elle venait de retirer de la serrure, lui tomba de la main. Après avoir un peu repris ses sens[17], elle ramassa la clef, referma la porte, et monta à sa chambre pour se remettre un peu; mais elle n'en pouvait venir à bout, tant elle était émue. Ayant remarqué que la clef du cabinet était tachée de sang, elle l'essuya deux ou trois fois; mais le sang ne s'en allait point : elle eut beau la laver, et même la frotter avec du sablon[18] et avec du grès[19], il demeura toujours du sang,

Le merveilleux

Dans un conte, on trouve toujours des objets ou des personnages qui ont des pouvoirs surnaturels. Certains aident le héros, mais d'autres s'opposent à lui, comme les sorcières, les loups ou les ogres. Parfois, le merveilleux prend la forme d'un objet : ici, c'est la clef.

13. Poussée par.
14. Impoli.
15. Séché.
16. Se reflétaient.
17. Esprits.
18. Sable très fin.
19. Pierre dure.

car la clef était fée[1], et il n'y avait pas moyen de la nettoyer tout à fait : quand on ôtait le sang d'un côté, il revenait de l'autre.

La Barbe Bleue revint de son voyage dès le soir même, et dit qu'il avait reçu des lettres, dans le chemin, qui lui avaient appris que l'affaire pour laquelle il était parti venait d'être terminée à son avantage. Sa femme fit tout ce qu'elle put pour lui témoigner qu'elle était ravie de son prompt[2] retour.

Le lendemain, il lui redemanda les clefs ; et elle les lui donna, mais d'une main si tremblante, qu'il devina sans peine tout ce qui s'était passé.

« D'où vient, lui dit-il, que la clef du cabinet n'est point avec les autres ?

– Il faut, dit-elle, que je l'aie laissée[3] là-haut sur ma table.

– Ne manquez pas[4], dit la Barbe Bleue, de me la donner tantôt[5].

Après plusieurs remises[6], il fallut apporter la clef. La Barbe Bleue, l'ayant considérée[7], dit à sa femme :

« Pourquoi y a-t-il du sang sur cette clef ?

– Je n'en sais rien, répondit la pauvre femme, plus pâle que la mort.

– Vous n'en savez rien ! reprit la Barbe Bleue ; je le sais bien, moi. Vous avez voulu entrer dans le cabinet ! Eh bien, madame, vous y entrerez et irez prendre votre place auprès des dames que vous y avez vues. »

Elle se jeta aux pieds de son mari en pleurant, et en lui demandant pardon, avec toutes les marques d'un vrai repentir[8], de n'avoir pas été obéissante. Elle aurait attendri

1. Ensorcelée.
2. Rapide.
3. J'ai dû la laisser.
4. N'oubliez pas.
5. Bientôt.
6. Reports.
7. Observée.
8. Regret sincère.

un rocher, belle et affligée comme elle était, mais la Barbe Bleue avait le cœur plus dur qu'un rocher.

« Il faut mourir, madame, lui dit-il, et tout à l'heure[9].

– Puisqu'il faut mourir, répondit-elle en le regardant les yeux baignés de larmes, donnez-moi un peu de temps pour prier Dieu.

– Je vous donne un demi-quart d'heure, reprit la Barbe Bleue ; mais pas un moment davantage. »

Lorsqu'elle fut seule, elle appela sa sœur, et lui dit :

« Ma sœur Anne, car elle s'appelait ainsi, monte, je te prie, sur le haut de la tour pour voir si mes frères ne viennent point : ils m'ont promis qu'ils me viendraient voir aujourd'hui ; et si tu les vois, fais-leur signe de se hâter. »

La sœur Anne monta sur le haut de la tour ; et la pauvre affligée[10] lui criait de temps en temps :

« Anne, ma sœur Anne, ne vois-tu rien venir ? »

Et la sœur Anne lui répondait :

« Je ne vois rien que le soleil qui poudroie[11], et l'herbe qui verdoie. »

Cependant, la Barbe Bleue, tenant un grand coutelas[12] à sa main, criait de toute sa force à sa femme :

« Descends vite ou je monterai là-haut. »

« Encore un moment, s'il vous plaît », lui répondait sa femme.

Et aussitôt elle criait tout bas :

« Anne, ma sœur Anne, ne vois-tu rien venir ? »

Et la sœur Anne répondait : « Je ne vois rien que le soleil qui poudroie, et l'herbe qui verdoie. »

– Descends donc vite, criait la Barbe Bleue, ou je monterai là-haut.

9. Sur-le-champ.
10. Malheureuse.
11. Fait briller les grains de poussière.
12. Sabre court et large, tranchant d'un côté.

Illustration d'Isidore Granville pour *La Barbe Bleue*, 1851.

« Je m'en vais[1] », répondait la femme et puis elle criait :

« Anne, ma sœur Anne, ne vois-tu rien venir ?

– Je vois, répondit la sœur Anne, une grosse poussière qui vient de ce côté-ci…

– Sont-ce mes frères ?

– Hélas ! non, ma sœur : c'est un troupeau de moutons…

– Ne veux-tu pas descendre ? criait la Barbe Bleue.

– Encore un moment », répondait sa femme, et puis elle criait :

« Anne, ma sœur Anne, ne vois-tu rien venir ?

– Je vois, répondit-elle, deux cavaliers qui viennent de ce côté, mais ils sont bien loin encore.

– Dieu soit loué ! s'écria-t-elle un moment après, ce sont mes frères. Je leur fais signe tant que je puis de se hâter[2]. »

La Barbe Bleue se mit à crier si fort que toute la maison en trembla. La pauvre femme descendit, et alla se jeter à ses pieds tout éplorée[3] et tout échevelée.

« Cela ne sert à rien, dit la Barbe Bleue ; il faut mourir. »

Puis, la prenant d'une main par les cheveux, et de l'autre, levant le coutelas en l'air, il allait lui abattre la tête. La pauvre femme, se tournant vers lui, et le regardant avec des yeux mourants, le pria de lui donner un petit moment pour se recueillir.

« Non, non, dit-il, recommande-toi bien à Dieu[4] » et, levant son bras…

Dans ce moment, on heurta si fort à la porte que la Barbe Bleue s'arrêta tout court. On l'ouvrit, et aussitôt on vit entrer deux cavaliers, qui mettant l'épée à la main, coururent droit à[5] la Barbe Bleue.

Les frères dans les contes

Ce sont souvent des personnages de second plan, qui viennent aider le héros au moment où celui-ci est en difficulté. Ils ne sont pas nommés et l'on ne connaît pas leur personnalité.

1. J'arrive.
2. Se dépêcher.
3. En larmes.
4. Remets-t'en aux mains de Dieu.
5. Se précipitèrent sur.

Dragon, Mousquetaire ou Capitaine

Les **dragons** forment un régiment de cavaliers qui portent en signe de reconnaissance un casque prolongé d'une queue de cheval. Le **mousquetaire** est le gentilhomme d'une des deux compagnies à cheval de la maison du roi. Enfin, le grade de **capitaine** souligne l'élévation sociale des frères : ils peuvent diriger une armée.

Il reconnut que c'étaient les frères de sa femme, l'un dragon et l'autre mousquetaire, de sorte qu'il s'enfuit aussitôt pour se sauver ; mais les deux frères le poursuivirent de si près qu'ils l'attrapèrent avant qu'il pût gagner le perron. Ils lui passèrent leur épée au travers du corps, et le laissèrent mort. La pauvre femme était presque aussi morte que son mari, et n'avait pas la force de se lever pour embrasser ses frères.

Il se trouva que la Barbe Bleue n'avait point d'héritiers, et qu'ainsi sa femme demeura maîtresse de tous ses biens. Elle en employa une partie à marier sa sœur Anne avec un jeune gentilhomme[1] dont elle était aimée depuis longtemps ; une autre partie à acheter des charges[2] de capitaines à ses deux frères, et le reste à se marier elle-même à un fort honnête homme, qui lui fit oublier le mauvais temps qu'elle avait passé avec la Barbe Bleue.

MORALITÉ

La curiosité, malgré tous ses attraits,
Coûte souvent bien des regrets ;
On en voit, tous les jours, mille exemples paraître.
C'est, n'en déplaise au sexe[3], un plaisir bien léger ;
Dès qu'on le prend, il cesse d'être.
Et toujours il coûte trop cher.

AUTRE MORALITÉ

Pour peu qu'on ait l'esprit sensé
Et que du monde on sache le grimoire[4],
On voit bientôt que cette histoire
Est un conte du temps passé.

1. Noble.
2. Titres.
3. Quoi qu'en pensent les femmes.
4. Et qu'on ait l'expérience de la vie.

Il n'est plus d'époux si terrible,
Ni qui demande l'impossible,
Fût-il malcontent[5] *et jaloux.*
Près de sa femme on le voit filer doux ;
Et, de quelque couleur que sa barbe puisse être,
On a peine à juger qui des deux est le maître.

5. Mécontent.

Pause lecture 1

La Barbe Bleue

Un vilain défaut

Mystère l. 1 à 42

Avez-vous bien lu ?

La Barbe Bleue se marie car...

❑ il est amoureux de la fille de sa voisine ?

❑ il est veuf ?

❑ il n'a jamais été marié ?

Un homme effrayant mais riche (l. 1 à 25)

1 Quel mot sert de lien entre les deux phrases du premier paragraphe ? Pourquoi est-il employé ? Quelles sont les deux facettes de la Barbe Bleue ?

2 Comment la Barbe Bleue persuade-t-il l'une des filles de l'épouser ? Que marque l'imparfait (l. 18 à 21) ?

3 Que pense la cadette après huit jours ? Sur quel ton ce changement d'avis est-il rapporté ?

Une absence à hauts risques (l. 26 à 43)

4 Quelle recommandation la Barbe Bleue fait-il à sa femme ? Comment l'interdiction est-elle soulignée dans la phrase (l. 38 à 42) ?

5 Quels sont les risques encourus par la jeune femme si elle désobéit ?

Solitude et tentation l. 43 à 116

Avez-vous bien lu ?

La Barbe Bleue est parti...

- ❏ un jour ?
- ❏ deux jours ?
- ❏ six semaines ?

La tentation (l. 43 à 73)

1 Comment les phrases soulignent-elles la richesse du palais de la Barbe Bleue (l. 51 à 59) ? Qu'éprouvent les amies de la jeune mariée ? Pourquoi celle-ci ne partage-t-elle pas leur sentiment ?

2 Quels sont les trois obstacles qui auraient dû empêcher la jeune femme de se précipiter vers le cabinet secret ?

3 Que ressent-elle face à la porte du cabinet ? Pourquoi cède-t-elle à la tentation ?

Une clef magique (l. 74 à 92)

4 En suivant l'ordre du récit, nommez ce que découvre la jeune femme. Que souligne cette progression ?

5 Pourquoi ne réussit-elle pas à nettoyer la clef ?

Le retour du mari (l. 93 à 116)

6 Quelle décision immédiate la Barbe Bleue prend-il en observant la clé souillée de sang ? Quel temps verbal le mari emploie-t-il pour annoncer à son épouse ce qui l'attend ?

Curiosité et châtiment l. 117 à 212

Avez-vous bien lu ?

La jeune femme demande à prier :

❏ pour gagner du temps ?
❏ pour attendrir son mari ?
❏ pour demander pardon à Dieu de ses fautes ?

L'attente du châtiment (l. 117 à 166)

1 Observez l'ordre des répliques (l. 135 à 163). Que remarquez-vous ?

Le déchaînement de la violence (l. 167 à 186)

2 De quelle manière la Barbe Bleue s'apprête-t-il à faire mourir sa femme ? À quel moment est-il arrêté dans son geste ? Quel signe de ponctuation marque cet instant ?

3 Montrez que la monstruosité de la Barbe Bleue n'est pas seulement physique.

Une double moralité (l. 196 à 212)

4 Contre quel défaut la première moralité met-elle en garde ? Qui, dit-on, possède surtout ce défaut ? En quoi le conte a-t-il illustré cette moralité ?

5 Pourquoi la seconde moralité est-elle beaucoup plus surprenante ? Qui condamne-t-elle ? Pour quelle raison ?

Vers l'expression

Vocabulaire

1. Cherchez l'étymologie et la définition de l'adjectif *terrible*, avant de trouver trois synonymes adaptés au comportement de la Barbe Bleue.

2. Retrouvez le nom qui correspond à chacun des verbes suivants :
séduire – divertir – éblouir – admirer – ravir – fasciner.
Quels sont les deux suffixes que vous avez utilisés ?

3. Donnez la définition des mots suivants puis classez-les par ordre d'intensité croissante :
anxiété – stupéfaction – épouvante – appréhension – trac.

À vous de jouer

Écrivez un dialogue.

Après sa découverte macabre, la femme de la Barbe Bleue retrouve ses amies. Va-t-elle leur dissimuler sa peur (et sa désobéissance) ou bien leur révéler le terrible secret de son époux ? Décrivez les tourments de la jeune épouse et les réactions des personnages qui l'entourent.

Organisez un débat.

La curiosité est-elle uniquement un vilain défaut ? N'a-t-elle pas quelques avantages ? Cherchez des exemples précis pour convaincre vos camarades.

Du texte à l'image

Observez la gravure → voir dossier images p. I

La Barbe Bleue, gravure de Gustave Doré, 1867.

1 Quelle scène du conte cette gravure représente-t-elle ?

2 En quoi l'homme est-il inquiétant ?

3 Dans quelle direction le regard de chacun des personnages se dirige-t-il ? Pourquoi ?

4 Décrivez et expliquez la position de leurs mains.

5 D'où vient la lumière ? Quel personnage souligne-t-elle ? Montrez que les mêmes couleurs sont reprises pour les deux personnages.

Lire

Mme Leprince
de Beaumont

La Curiosité

1757

texte intégral

Qui sont les personnages ?

Les paysans

Ce couple de paysans est malheureux. Ils sont tous les deux bûcherons et ils travaillent dur pour pouvoir survivre. Un jour, le destin leur offre une nouvelle vie.

➨ *Sauront-ils saisir leur chance ?*

Le roi

Généreux, il accueille le couple de paysans dans son château et les comble d'attentions. Pourtant, il décide de mettre à l'épreuve leur obéissance.

➨ *Comment va-t-il s'y prendre ?*

UN JOUR, UN ROI, QUI ÉTAIT À LA CHASSE, se perdit. Comme il cherchait le chemin, il entendit parler, et s'étant approché de l'endroit d'où sortait la voix, il vit un homme et une femme qui travaillaient à couper du bois. La femme disait :

« Il faut avouer que notre mère Ève était bien gourmande, d'avoir mangé de la pomme. Si elle avait obéi à Dieu, nous n'aurions pas la peine[1] de travailler tous les jours. »

L'homme lui répondit :

« Si Ève était une gourmande, Adam était bien sot de faire ce qu'elle lui disait. Si j'avais été en sa place, et que vous m'eussiez voulu faire manger de ces pommes, je vous aurais donné un bon soufflet[2], et je n'aurais pas voulu seulement vous écouter. »

Le roi s'approcha, et leur dit :

« Vous avez donc bien de la peine[3], mes pauvres gens.

– Oui, monsieur, répondirent-ils (car ils ne savaient pas que c'était le roi), nous travaillons comme des chevaux, depuis le matin jusqu'au soir, et encore nous avons bien du mal à vivre.

– Venez avec moi, leur dit le roi, je vous nourrirai sans travailler. »

Dans le moment[4] les officiers du roi, qui le cherchaient, arrivèrent ; et les pauvres gens furent bien étonnés et bien joyeux. Quand ils furent dans le palais, le roi leur fit donner de beaux habits, un carrosse, des laquais[5] ; et tous les jours ils avaient douze plats pour leur dîner. Au bout d'un mois, on leur servit vingt-quatre plats : mais dans le milieu de la table, on en mit un grand qui était fermé.

Adam et Ève

La Bible raconte qu'Adam et Ève vivaient au jardin d'Éden (le Paradis), où tout leur était offert. Ils avaient reçu de Dieu l'autorisation de goûter à tous les fruits des arbres, sauf un. Mais Ève se laissa tenter par un serpent et partagea le fruit défendu (une pomme) avec Adam. Ils furent alors chassés du Paradis et Dieu les condamna à travailler pour vivre.

1. Nous ne serions pas obligés.
2. Une bonne gifle.
3. Vous éprouvez donc bien des difficultés.
4. Au même instant.
5. Des serviteurs.

D'abord, la femme qui était curieuse, voulut ouvrir ce plat; mais un officier du roi, qui était présent, lui dit que le roi leur défendait d'y toucher, et qu'il ne voulait pas qu'ils vissent[1] ce qui était dedans. Quand les domestiques furent sortis, le mari s'aperçut que sa femme ne mangeait pas et qu'elle était triste; il lui demanda ce qu'elle avait, et elle lui répondit qu'elle ne se souciait pas de manger de toutes les bonnes choses qui étaient sur la table, mais qu'elle avait envie de ce qui était dans ce plat couvert :

« Vous êtes folle, lui dit son mari, ne vous a-t-on pas dit que le roi nous le défendait?

– Le roi est un injuste, dit la femme; s'il ne voulait pas que nous vissions ce qui est dans ce plat, il ne fallait pas le faire servir sur la table. »

En même temps, elle se mit à pleurer, et dit qu'elle se tuerait, si son mari ne voulait pas ouvrir le plat. Quand son mari la vit pleurer, il fut bien fâché, et comme il l'aimait beaucoup, il lui dit qu'il ferait tout ce qu'elle voudrait, pour qu'elle ne se chagrinât pas[2]. En même temps, il ouvrit le plat, et il en sortit une petite souris, qui se sauva dans la chambre. Ils coururent après elle pour la rattraper; mais elle se cacha dans un petit trou, et aussitôt le roi entra, qui demanda où était la souris.

« Sire, dit le mari, ma femme m'a tourmenté[3], pour voir ce qui était dans le plat, je l'ai ouvert malgré moi, et la souris s'est sauvée.

– Ah, ah! dit le roi, vous disiez, que si vous eussiez été à la place d'Adam, vous eussiez donné un soufflet à Ève, pour lui apprendre à être curieuse et gourmande : il fallait vous souvenir de vos promesses. Et vous, méchante

1. Voient.
2. Pour qu'elle ne pleure pas.
3. Harcelé (sens ancien).

femme, vous aviez toutes sortes de bonnes choses, comme Ève, et cela n'était pas assez : vous vouliez manger du plat que je vous avais défendu. Allez, malheureux, retournez travailler dans le bois, et ne vous en prenez plus à Adam et à sa femme, du mal que vous aurez, puisque vous avez fait une sottise pareille à celle dont vous les accusiez. »

Pause lecture 2

La Curiosité

Un défaut éternel ?

La situation initiale et la modification l. 1 à 23

Avez-vous bien lu ?

De quoi les paysans se plaignent-ils ?

❑ De ne plus être au Paradis.

❑ De beaucoup travailler.

❑ De ne pas avoir de loisirs.

Une vie difficile

1 Comment les personnages sont-ils désignés ? Pourquoi n'ont-ils pas de nom ? Où et quand vivent-ils ?

2 Comment les paysans s'adressent-ils au roi ? Comment auraient-ils dû l'appeler ? Quel est le rôle de la parenthèse (l. 18-19) ?

3 À quoi le couple se compare-t-il ? Pourquoi, selon vous ?

À qui la faute ?

4 Selon la femme, quelle faute Ève a-t-elle commise ? Selon l'homme, quelle faute Adam a-t-il commise ? Quel était son défaut ?

5 Comment le paysan aurait-il réagi, s'il avait été à la place d'Adam ? Quel jugement le couple de paysans porte-t-il sur leurs « ancêtres », Adam et Ève ?

Les péripéties l. 24 à 44

Avez-vous bien lu ?

La femme arrête de manger car...

- ❏ elle a une indigestion ?
- ❏ elle regrette sa vie dans la forêt ?
- ❏ elle veut connaître le contenu du plat interdit ?

Une vie de rêve

1 Quelle proposition le roi a-t-il faite aux paysans ?
En quoi bouleverse-t-elle la vie du couple ?

2 Pourquoi leur nouvelle existence est-elle un paradis ?

3 Un mois après l'installation du couple au palais, deux nouveautés surgissent.
Sont-elles de même nature ? Expliquez votre réponse.

L'épreuve

4 Où le plat interdit est-il placé ? Quelles sont ses caractéristiques ?
Par quels verbes l'interdiction du roi est-elle présentée aux paysans ?

5 Pourquoi la femme veut-elle absolument ouvrir ce plat ?
Quels défauts sont ici soulignés ?
Pourquoi le mari dit-il que sa femme est « folle » (l. 40) ? Quel défaut dénonce-t-il ?

6 Quel reproche la femme adresse-t-elle au roi ? Est-elle juste ? Justifiez votre réponse.

La résolution et la situation finale l. 45 à 66

Avez-vous bien lu ?

Le mari cède à sa femme…

❏ par amour ?
❏ par curiosité ?
❏ par colère ?

Un autre péché originel

1 Jusqu'où va la paysanne afin de convaincre son mari ? Comment s'appelle ce procédé ?

2 Que se passe-t-il lorsque le mari ouvre le plat ?
Quel objet magique de *La Barbe Bleue* cet animal rappelle-t-il ?

Le châtiment

3 L'homme avoue-t-il sa faute au roi ? Pourquoi ? Quel défaut révèle-t-il ici ?

4 À qui le roi s'adresse-t-il successivement ? Quels reproches formule-t-il ?

5 Quel est le mode verbal dominant de la dernière phrase du conte ? Justifiez son emploi.
Pourquoi les paysans ne répondent-ils pas ?

De nouveaux Adam et Ève

6 Quelle était l'intention du roi en invitant les paysans dans son palais ?
Que représentent symboliquement le roi et son palais (voir encadré, p. 31) ?

7 Quelle moralité peut-on tirer de ce conte ? Quelle image donne-t-il de l'humanité à travers les âges ?

Vers l'expression

Vocabulaire

1. **La curiosité est un défaut, mais elle n'appartient pas aux sept péchés capitaux. Quels sont-ils ? Retrouvez et donnez la définition de chacun d'entre eux.**

2. **Trouvez l'antonyme de chacun des mots de la liste suivante :**
culpabilité – lâcheté – ingratitude – petitesse – affliction.

3. **Trouvez l'intrus dans la liste suivante :**
opulence – aisance – richesse – labeur – prospérité.

À vous de jouer

Écrivez une lettre.

Après son retour dans la forêt, la femme décide d'écrire une lettre à Ève. Elle lui raconte ses malheurs. Se sent-elle proche de l'épouse d'Adam ou l'accable-t-elle encore de reproches ? Choisissez l'un des deux points de vue.

Rédigez un récit.

Victime de votre curiosité, vous vous êtes retrouvé(e) au cœur d'une mésaventure. Racontez. Vous expliquerez les circonstances, évoquerez les diverses péripéties et révèlerez la leçon que vous en avez tirée.

Du texte à l'image

Observez le tableau → voir dossier images p. II

Lucas Cranach l'Ancien, *Adam et Ève*, huile sur toile, 117 cm x 80 cm, 1526.

1 Quel épisode biblique célèbre ce tableau illustre-t-il ?

2 Quel animal se trouve dans l'arbre ? Expliquez sa présence.

3 Observez les gestes des deux personnages et dites quel moment de l'histoire est représenté.

4 À quel passage du conte ce tableau pourrait-il renvoyer ?

5 Faites une recherche sur d'autres tableaux qui représentent le même épisode de la Bible.

Lire

Comtesse de Ségur

La Petite Souris grise

1857

texte intégral

Qui sont les personnages ?

Rosalie

Rosalie a bientôt quinze ans. Elle a grandi chez son père, à l'abri de tous les dangers. Mais elle est curieuse : quel secret renferme la maisonnette du fond du jardin ? Pourquoi son père lui a-t-il défendu d'y entrer ?

➨ *Rosalie saura-t-elle résister à sa curiosité ?*

Prudent

Depuis la mort de sa femme, cet homme est tout entier dévoué à sa fille unique, Rosalie. Il l'éduque avec affection, mais aussi avec une grande fermeté. Détenteur d'un terrible secret, il tente au mieux de la protéger...

➨ *Mais pourra-t-il sauver Rosalie de tous les dangers qui la menacent ?*

La petite souris grise

C'est par elle que le malheur arrive. La petite souris grise est en réalité la fée Détestable, cruelle et espiègle. Elle suit Rosalie partout avec son petit rire moqueur et ses vilains tours de sorcière.

➨ *Pourquoi s'acharne-t-elle ainsi sur Rosalie ?*

Le prince Gracieux

Au premier regard, le beau prince Gracieux tombe immédiatement amoureux de Rosalie. À la veille de leurs noces, sa fiancée est pourtant sur le point de céder une nouvelle fois à la curiosité...

➨ *Le prince saura-t-il aider Rosalie à se garder de son vilain défaut ?*

I. La maisonnette

Les orphelins dans les contes

Les personnages de contes de fées n'ont souvent qu'un parent : Rosalie, Peau d'Âne, Blanche-Neige ou Cendrillon sont privées de leur mère dès le début du conte. Elles sont soumises à des épreuves dont elles devront triompher seules.

Il y avait un homme veuf qui s'appelait Prudent et qui vivait avec sa fille. Sa femme était morte peu de jours après la naissance de cette fille, qui s'appelait Rosalie.

Le père de Rosalie avait de la fortune; il vivait dans une grande maison qui était à lui : la maison était entourée d'un vaste jardin où Rosalie allait se promener tant qu'elle voulait.

Elle était élevée avec tendresse et douceur, mais son père l'avait habituée à une obéissance sans réplique[1]. Il lui défendait d'adresser des questions inutiles et d'insister pour savoir ce qu'il ne voulait pas lui dire. Il était parvenu, à force de soin et de surveillance, à presque déraciner en elle un défaut malheureusement trop commun, la curiosité.

Rosalie ne sortait jamais du parc, qui était entouré de murs élevés. Jamais elle ne voyait personne que son père; il n'y avait aucun domestique dans la maison; tout semblait s'y faire de soi-même; Rosalie avait toujours ce qu'il lui fallait, soit en vêtements, soit en livres, soit en ouvrages ou en joujoux. Son père l'élevait lui-même, et Rosalie, quoiqu'elle eût près de quinze ans, ne s'ennuyait pas et ne songeait pas qu'elle pouvait vivre autrement et entourée de monde.

Il y avait au fond du parc une maisonnette sans fenêtres et qui n'avait qu'une seule porte, toujours fermée. Le père de Rosalie y entrait tous les jours, et en portait toujours sur lui la clef; Rosalie croyait que c'était une cabane pour enfermer les outils du jardin; elle n'avait jamais songé à en parler. Un jour qu'elle cherchait un arrosoir pour ses fleurs, elle dit à son père :

1. Totale.

« Mon père, donnez-moi, je vous prie, la clef de la maisonnette du jardin.

– Que veux-tu faire de cette clef, Rosalie ?

– J'ai besoin d'un arrosoir ; je pense que j'en trouverai un dans cette maisonnette.

– Non, Rosalie, il n'y a pas d'arrosoir là-dedans. »

La voix de Prudent était si altérée[2] en prononçant ces mots, que Rosalie le regarda et vit avec surprise qu'il était pâle et que la sueur inondait son front.

« Qu'avez-vous, mon père ? dit Rosalie effrayée.

– Rien, ma fille, rien.

– C'est la demande de cette clef qui vous a bouleversé, mon père ; qu'y a-t-il donc dans cette maison qui vous cause une telle frayeur ?

– Rosalie, tu ne sais ce que tu dis ; va chercher ton arrosoir dans la serre.

– Mais, mon père, qu'y a-t-il dans cette maisonnette ?

– Rien qui puisse t'intéresser, Rosalie.

– Mais pourquoi y allez-vous tous les jours sans jamais me permettre de vous accompagner ?

– Rosalie, tu sais que je n'aime pas les questions, et que la curiosité est un vilain défaut. »

Rosalie ne dit plus rien, mais elle resta pensive. Cette maisonnette, à laquelle elle n'avait jamais songé, lui trottait dans la tête. « Que peut-il y avoir là-dedans ? se disait-elle. Comme mon père a pâli quand j'ai demandé d'y entrer !... Il pensait donc que je courais quelque danger en y allant !... Mais pourquoi lui-même y va-t-il tous les jours ?... C'est sans doute pour porter à manger à la bête féroce qui s'y trouve enfermée... Mais s'il y avait une bête féroce, je

2. Troublée.

l'entendrais rugir ou s'agiter dans sa prison ; jamais on n'entend aucun bruit dans cette cabane ; ce n'est donc pas une bête ! D'ailleurs elle dévorerait mon père quand il y va… à moins qu'elle ne soit attachée… Mais si elle est attachée, il n'y a pas de danger pour moi non plus. Qu'est-ce que cela peut être ?… Un prisonnier !… Mais mon père est bon ; il ne voudrait pas priver d'air et de liberté un malheureux innocent !… Il faudra absolument que je découvre ce mystère… Comment faire ?…

Si je pouvais soustraire[1] à mon père cette clef, seulement pour une demi-heure ! Peut-être l'oubliera-t-il un jour… »

Elle fut tirée de ses réflexions par son père, qui l'appelait d'une voix altérée.

« Me voici, mon père ; je rentre. »

Elle rentra en effet et examina son père, dont le visage pâle et défait[2] indiquait une vive agitation. Plus intriguée encore, elle résolut de feindre[3] la gaieté et l'insouciance pour donner de la sécurité à[4] son père, et arriver ainsi à s'emparer de la clef, à laquelle il ne penserait peut-être pas toujours si Rosalie avait l'air de n'y plus songer elle-même. Ils se mirent à table ; Prudent mangea peu, et fut silencieux et triste, malgré ses efforts pour paraître gai.

Rosalie montra une telle gaieté, une telle insouciance, que son père finit par retrouver sa tranquillité accoutumée[5].

Rosalie devait avoir quinze ans dans trois semaines ; son père lui avait promis pour sa fête une agréable surprise.

Quelques jours se passèrent ; il n'y en avait plus que quinze à attendre. Un matin, Prudent dit à Rosalie :

« Ma chère enfant, je suis obligé de m'absenter pour une heure. C'est pour tes quinze ans que je dois sortir. Attends-

1. Prendre.
2. Inquiet
3. D'imiter.
4. Rassurer.
5. Habituelle.

moi dans la maison, et, crois-moi, ma Rosalie, ne te laisse pas aller à la curiosité. Dans quinze jours tu sauras ce que tu désires tant savoir, car je lis dans ta pensée ; je sais ce qui t'occupe. Adieu, ma fille, garde-toi[6] de la curiosité. »

Prudent embrassa tendrement sa fille et s'éloigna, comme s'il avait de la répugnance[7] à la quitter. Quand il fut parti, Rosalie courut à la chambre de son père, et quelle fut sa joie en voyant la clef oubliée sur la table !

Elle la saisit et courut bien vite au bout du parc ; arrivée à la maisonnette, elle se souvint des paroles de son père : « Garde-toi de la curiosité » ; elle hésita et fut sur le point de reporter la clef sans avoir regardé dans la maisonnette, lorsqu'elle entendit sortir un léger gémissement ; elle colla son oreille contre la porte et entendit une toute petite voix qui chantait doucement :

« Je suis prisonnière,
Et seule sur la terre.
Bientôt je dois mourir,
D'ici jamais sortir. »

« Plus de doute, se dit-elle ; c'est une malheureuse créature que mon père tient enfermée. »

Et frappant doucement à la porte, elle dit :

« Qui êtes-vous et que puis-je faire pour vous ?

– Ouvrez-moi, Rosalie ; de grâce, ouvrez-moi.

– Mais pourquoi êtes-vous prisonnière ? N'avez-vous pas commis quelque crime ?

– Hélas ! non, Rosalie ; c'est un enchanteur qui me retient ici. Sauvez-moi, et je vous témoignerai ma reconnaissance en vous racontant ce que je suis. »

La clef

La clef, qui ouvre souvent d'autres mondes, joue un rôle central dans le conte. Elle permet en effet de désobéir, de braver l'interdit, mais aussi de prendre des risques ! Cet objet magique apparaît dans de nombreux autres contes, comme *La Barbe Bleue*.

6. Détourne-toi.
7. De la difficulté.

Rosalie n'hésita plus, sa curiosité l'emporta sur son obéissance ; elle mit la clef dans la serrure, mais sa main tremblait et elle ne pouvait ouvrir ; elle allait y renoncer, lorsque la petite voix continua :

« Rosalie, ce que j'ai à vous dire vous instruira de bien des choses qui vous intéressent ; votre père n'est pas ce qu'il paraît être. » À ces mots, Rosalie fit un dernier effort ; la clef tourna et la porte s'ouvrit.

II. La fée Détestable

Rosalie regarda avidement ; la maisonnette était sombre ; elle ne voyait rien ; elle entendit la petite voix qui dit : « Merci, Rosalie, c'est à toi que je dois ma délivrance. »

La voix semblait venir de terre ; elle regarda, et aperçut dans un coin deux petits yeux brillants qui la regardaient avec malice.

« Ma ruse a réussi, Rosalie, pour te faire céder à ta curiosité. Si je n'avais chanté et parlé, tu t'en serais retournée et j'étais perdue. Maintenant que tu m'as délivrée, toi et ton père vous êtes en mon pouvoir. »

Rosalie, sans bien comprendre encore l'étendue du malheur qu'elle avait causé par sa désobéissance, devina pourtant que c'était une ennemie dangereuse que son père retenait captive, et elle voulut se retirer et fermer la porte.

« Halte-là, Rosalie, il n'est plus en ton pouvoir de me retenir dans cette odieuse prison, d'où je ne serais jamais sortie si tu avais attendu tes quinze ans. »

Au même moment la maisonnette disparut; la clef seule resta dans les mains de Rosalie consternée[1]. Elle vit alors près d'elle une petite Souris grise qui la regardait avec ses petits yeux étincelants et qui se mit à rire d'une petite voix discordante[2].

« Hi! hi! hi! quel air effaré[3] tu as, Rosalie! En vérité, tu m'amuses énormément. Que tu es donc gentille d'avoir été si curieuse! Voilà près de quinze ans que je suis enfermée dans cette affreuse prison, ne pouvant faire du mal à ton père, que je hais, et à toi que je déteste parce que tu es sa fille.

– Et qui êtes-vous donc, méchante Souris?

– Je suis l'ennemie de ta famille, ma mie[4]! Je m'appelle la fée Détestable, et je porte bien mon nom, je t'assure; tout le monde me déteste et je déteste tout le monde. Je te suivrai partout, Rosalie.

– Laissez-moi, misérable! Une Souris n'est pas bien à craindre, et je trouverai bien moyen de me débarrasser de vous.

– C'est ce que nous verrons, ma mie; je m'attache à vos pas partout où vous irez. »

Rosalie courut du côté de la maison; chaque fois qu'elle se retournait, elle voyait la Souris qui galopait après elle en riant d'un air moqueur. Arrivée dans la maison, elle voulut écraser la Souris dans la porte, mais la porte resta ouverte malgré les efforts de Rosalie tandis que la Souris restait sur le seuil.

« Attends, méchante bête! » s'écria Rosalie, hors d'elle de colère et d'effroi[5]. Elle saisit un balai et allait en donner un coup violent sur la Souris, lorsque le balai devint flamboyant[6] et lui brûla les mains; elle le jeta vite à terre et le

1. Abattue, stupéfaite.
2. Criarde.
3. Épouvanté.
4. Mon amie.
5. De peur.
6. S'enflamma.

poussa du pied dans la cheminée pour que le plancher ne prît pas feu. Alors, saisissant un chaudron qui bouillait au feu, elle le jeta sur la Souris ; mais l'eau bouillante était devenue du bon lait frais ; la Souris se mit à boire en disant :

« Que tu es aimable, Rosalie ! Non contente de m'avoir délivrée, tu me donnes un excellent déjeuner ! »

La pauvre Rosalie se mit à pleurer amèrement ; elle ne savait que devenir, lorsqu'elle entendit son père qui rentrait.

« Mon père ! dit-elle, mon père ! Oh Souris, par pitié, va-t'en ! que mon père ne te voie pas !

– Je ne m'en irai pas, mais je veux bien me cacher derrière tes talons, jusqu'à ce que ton père apprenne ta désobéissance. »

À peine la Souris était-elle blottie derrière Rosalie, que Prudent entra ; il regarda Rosalie, dont l'air embarrassé et la pâleur trahissaient l'effroi.

« Rosalie, dit Prudent d'une voix tremblante, j'ai oublié la clef de la maisonnette ; l'as-tu trouvée ?

– La voici, mon père, dit Rosalie en la lui présentant et devenant très rouge.

– Qu'est-ce donc que cette crème renversée ?

– Mon père, c'est le chat.

– Comment, le chat ? Le chat a apporté au milieu de la chambre une chaudronnée[1] de lait pour le répandre ?

– Non, mon père, c'est moi qui, en le portant, l'ai renversé. »

Rosalie parlait bien bas et n'osait pas regarder son père.

« Prends le balai, Rosalie, pour enlever cette crème.

1. Le contenu d'un chaudron.

→ Du texte à l'image p. 28

La Barbe Bleue

Gravure de Gustave Doré, 1867.

→ Du texte à l'image p. 38

Adam et Ève

Lucas Cranach l'Ancien,
huile sur toile (117 cm x 80 cm),
1526.

→ Du texte à l'image p. 71

La Petite Souris grise

Illustration d'Albert Uriet pour les éditions Mame, 1934.

→ Du texte à l'image p. 71

Alice au pays des merveilles

Dessin animé réalisé par Walt Disney, 1951.

– Il n'y a plus de balai, mon père.

– Plus de balai ! Il y en avait un quand je suis sorti.

– Je l'ai brûlé, mon père, par mégarde[2], en… en… »

Elle s'arrêta. Son père la regarda fixement, jeta un coup d'œil inquiet autour de la chambre, soupira et se dirigea lentement vers la maisonnette du parc.

Rosalie tomba sur une chaise en sanglotant ; la Souris ne bougeait pas. Peu d'instants après, Prudent rentra précipitamment, le visage bouleversé d'effroi.

« Rosalie, malheureuse enfant, qu'as-tu fait ? Tu as cédé à ta fatale[3] curiosité, et tu as délivré notre plus cruelle ennemie.

– Mon père, pardonnez-moi, pardonnez-moi, s'écria Rosalie en se jetant à ses pieds ; j'ignorais le mal que je faisais.

– C'est ce qui arrive toujours quand on désobéit, Rosalie : on croit ne faire qu'un petit mal, et on en fait un très grand à soi et aux autres.

– Mais, mon père, qu'est-ce donc que cette Souris qui vous cause une si grande frayeur ? Comment, si elle a tant de pouvoir, la reteniez-vous prisonnière, et pourquoi ne pouvez-vous pas la renfermer de nouveau ?

– Cette Souris, ma fille, est une fée méchante et puissante ; moi-même je suis le génie[4] Prudent, et puisque tu as délivré mon ennemie, je puis te révéler ce que je devais te cacher jusqu'à l'âge de quinze ans.

« Je suis donc, comme je te le disais, le génie Prudent ; ta mère n'était qu'une simple mortelle ; mais ses vertus[5] et sa beauté touchèrent la reine des fées aussi bien que le roi des génies, et ils me permirent de l'épouser.

2. Inattention.
3. Double sens : qui doit arriver inévitablement et qui entraîne la ruine et la mort.
4. Magicien.
5. Qualités de cœur.

« Je donnai de grandes fêtes pour mon mariage ; malheureusement j'oubliai d'y convoquer la fée Détestable, qui, déjà irritée de me voir épouser une princesse, après mon refus d'épouser une de ses filles, me jura une haine implacable[1] ainsi qu'à ma femme et à mes enfants.

« Je ne m'effrayai pas de ses menaces, parce que j'avais moi-même une puissance presque égale à la sienne, et que j'étais fort aimé de la reine des fées. Plusieurs fois j'empêchai par mes enchantements l'effet de la haine de Détestable. Mais, peu d'heures après ta naissance, ta mère ressentit des douleurs très vives, que je ne pus calmer ; je m'absentai un instant pour invoquer le secours de la reine des fées. Quand je revins, ta mère n'existait plus : la méchante fée avait profité de mon absence pour la faire mourir, et elle allait te douer[2] de tous les vices et de tous les maux possibles ; heureusement que mon retour paralysa sa méchanceté. Je l'arrêtai au moment où elle venait de te douer d'une curiosité qui devait faire ton malheur et te mettre à quinze ans sous son entière dépendance. Par mon pouvoir uni à celui de la reine des fées, je contrebalançai[3] cette fatale influence, et nous décidâmes que tu ne tomberais à quinze ans en son pouvoir que si tu succombais trois fois à ta curiosité dans des circonstances graves. En même temps, la reine des fées, pour punir Détestable, la changea en souris, l'enferma dans la maisonnette que tu as vue, et déclara qu'elle ne pourrait pas en sortir, Rosalie, à moins que tu ne lui en ouvrisses volontairement la porte ; qu'elle ne pourrait reprendre sa première forme de fée que si tu succombais trois fois à ta curiosité avant l'âge de quinze ans ; enfin, que si tu résistais au moins une

1. Impitoyable, terrible.
2. Faire don.
3. Je rééquilibrai.

fois à ce funeste[4] penchant, tu serais à jamais affranchie[5], ainsi que moi, du pouvoir de Détestable. Je n'obtins toutes ces faveurs qu'à grand-peine, Rosalie, et en promettant que je partagerais ton sort[6] et que je deviendrais comme toi l'esclave de Détestable si tu te laissais aller trois fois à ta curiosité. Je me promis de t'élever de manière à détruire en toi ce fatal défaut, qui pouvait causer tant de malheurs.

« C'est pour cela que je t'enfermai dans cette enceinte[7] ; que je ne te permis jamais de voir aucun de tes semblables, pas même de domestiques. Je te procurais par mon pouvoir tout ce que tu pouvais désirer, et déjà je m'applaudissais d'avoir si bien réussi ; dans trois semaines tu devais avoir quinze ans, et te trouver à jamais délivrée du joug[8] odieux de Détestable, lorsque tu me demandas cette clef à laquelle tu semblais n'avoir jamais pensé. Je ne pus te cacher l'impression douloureuse que fit sur moi cette demande ; mon trouble excita ta curiosité ; malgré ta gaieté, ton insouciance factice[9], je pénétrai dans ta pensée, et juge de ma douleur quand la reine des fées m'ordonna de te rendre la tentation possible et la résistance méritoire[10], en laissant ma clef à ta portée au moins une fois ! Je dus la laisser, cette clef fatale, et te faciliter, par mon absence, les moyens de succomber ; imagine, Rosalie, ce que je souffris pendant l'heure que je dus te laisser seule, et quand je vis à mon retour ton embarras et ta rougeur, qui ne m'indiquaient que trop que tu n'avais pas eu le courage de résister. Je devais tout te cacher et ne t'instruire de ta naissance et des dangers que tu avais courus le jour où tu aurais quinze ans, sous peine de te voir tomber au pouvoir de Détestable.

4. Qui apporte la mort et le malheur.
5. Libérée.
6. Destin.
7. Cet espace fermé.
8. De la dépendance.
9. Fausse, simulée.
10. Digne de récompense.

« Et maintenant, Rosalie, tout n'est pas perdu ; tu peux encore racheter ta faute en résistant pendant quinze jours à ton funeste penchant. Tu devais être unie à quinze ans à un charmant prince de nos parents, le prince Gracieux ; cette union est encore possible.

« Ah ! Rosalie, ma chère enfant ; par pitié pour toi, si ce n'est pas pour moi, aie du courage et résiste. »

Rosalie était restée aux genoux de son père, le visage caché dans ses mains et pleurant amèrement ; à ces dernières paroles, elle reprit un peu de courage, et, l'embrassant tendrement, elle lui dit :

« Oui, mon père, je vous le jure, je réparerai ma faute ; ne me quittez pas, mon père, et je chercherai près de vous le courage qui pourrait me manquer si j'étais privée de votre sage et paternelle surveillance.

– Ah ! Rosalie, il n'est plus en mon pouvoir de rester près de toi ; je suis sous la puissance de mon ennemie ; elle ne me permettra sans doute pas de rester pour te prémunir[1] contre les pièges que te tendra sa méchanceté. Je m'étonne de ne l'avoir pas encore vue, car le spectacle de mon affliction[2] doit avoir pour elle de la douceur.

– J'étais près de toi aux pieds de ta fille, dit la Souris grise de sa petite voix aigre[3], en se montrant au malheureux génie.

« Je me suis amusée au récit de ce que je t'ai déjà fait souffrir, et c'est ce qui fait que je ne me suis pas montrée plus tôt. Dis adieu à ta chère Rosalie ; je l'emmène avec moi, et je te défends de la suivre. »

En disant ces mots, elle saisit, avec ses petites dents aiguës, le bas de la robe de Rosalie, pour l'entraîner après

1. Protéger.
2. Désespoir.
3. Aiguë et criarde.

elle. Rosalie poussa des cris perçants en se cramponnant à son père; une force irrésistible l'entraînait. L'infortuné[4] génie saisit un bâton et le leva sur la Souris; mais, avant qu'il eût le temps de l'abaisser, la Souris posa sa petite patte sur le pied du génie, qui resta immobile et semblable à une statue.

Rosalie tenait embrassés les genoux de son père et criait grâce[5] à la Souris; mais celle-ci, riant de son petit rire aigu et diabolique, lui dit :

« Venez, venez, ma mie, ce n'est pas ici que vous trouveriez de quoi succomber deux autres fois à votre gentil défaut; nous allons courir le monde ensemble, et je vous ferai voir du pays en quinze jours. »

La Souris tirait toujours Rosalie, dont les bras, enlacés autour de son père, résistaient à la force extraordinaire qu'employait son ennemie. Alors la Souris poussa un petit cri discordant, et subitement toute la maison fut en flammes.

Rosalie eut assez de présence d'esprit pour réfléchir qu'en se laissant brûler elle perdait tout moyen de sauver son père qui resterait éternellement sous le pouvoir de Détestable, tandis qu'en conservant sa propre vie, elle conservait aussi les chances de le sauver.

« Adieu, mon père ! s'écria-t-elle; au revoir dans quinze jours ! Votre Rosalie vous sauvera après vous avoir perdu. »

Et elle s'échappa pour ne pas être dévorée par les flammes.

Elle courut quelque temps, ne sachant où elle allait; elle marcha ainsi plusieurs heures; enfin, accablée de fatigue, demi-morte de faim, elle se hasarda à aborder une bonne femme qui était assise à sa porte.

4. Le malheureux.
5. Demandait pitié.

« Madame, dit-elle, veuillez me donner asile[1]; je meurs de faim et de fatigue; permettez-moi d'entrer et de passer la nuit chez vous.

– Comment une si belle fille se trouve-t-elle sur les grandes routes, et qu'est-ce que cette bête qui vous accompagne et qui a la mine d'un petit démon ? »

Rosalie, se retournant, vit la Souris grise qui la regardait d'un air moqueur.

Elle voulut la chasser, mais la Souris refusait obstinément de s'en aller. La bonne femme, voyant cette lutte, hocha la tête et dit :

« Passez votre chemin, la belle : je ne loge pas chez moi le diable et ses protégés. »

Rosalie continua sa route en pleurant, et partout où elle se présenta, on refusa de la recevoir avec sa Souris qui ne la quittait pas. Elle entra dans une forêt où elle trouva heureusement un ruisseau pour étancher[2] sa soif, des fruits et des noisettes en abondance; elle but, mangea, et s'assit près d'un arbre, pensant avec inquiétude à son père et à ce qu'elle deviendrait pendant quinze jours. Tout en réfléchissant, Rosalie, pour ne pas voir la maudite Souris grise, ferma les yeux; la fatigue et l'obscurité amenèrent le sommeil : elle s'endormit profondément.

Le sommeil dans le conte

Bien souvent, les héroïnes de contes de fées sont en proie à un profond sommeil, qui les surprend au beau milieu du récit. Blanche-Neige, la Belle au Bois dormant ou encore Boucle d'or s'endorment, toutes les trois, à un moment important de leur aventure. À leur réveil, elles ont souvent grandi et mûri. Elles ne sont plus des enfants.

III. Le prince Gracieux

Pendant que Rosalie dormait, le prince Gracieux faisait une chasse aux flambeaux[3] dans la forêt; le cerf, vivement

1. Un refuge.
2. Calmer.
3. Avec des torches.

poursuivi par les chiens, vint se blottir effaré[4] près du buisson où dormait Rosalie. La meute[5] et les chasseurs s'élancèrent après le cerf; mais tout d'un coup les chiens cessèrent d'aboyer et se groupèrent silencieux autour de Rosalie. Le prince descendit de cheval pour remettre les chiens en chasse.

Quelle ne fut pas sa surprise en apercevant une belle jeune fille qui dormait paisiblement dans cette forêt ! Il regarda autour d'elle et ne vit personne ; elle était seule, abandonnée.

En l'examinant de plus près, il vit la trace de larmes qu'elle avait répandues et qui s'échappaient encore de ses yeux fermés. Rosalie était vêtue simplement, mais d'une étoffe de soie qui dénotait[6] plus que de l'aisance ; ses jolies mains blanches, ses ongles roses, ses beaux cheveux châtains, soigneusement relevés par un peigne d'or, sa chaussure élégante, un collier de perles fines, indiquaient un rang élevé.

Elle ne s'éveillait pas, malgré le piétinement des chevaux, les aboiements des chiens, le tumulte d'une nombreuse réunion d'hommes. Le prince, stupéfait, ne se lassait pas de regarder Rosalie ; aucune des personnes de la cour ne la connaissait. Inquiet de ce sommeil obstiné, Gracieux lui prit doucement la main : Rosalie dormait toujours ; le prince secoua légèrement cette main, mais sans pouvoir l'éveiller.

« Je ne puis, dit-il à ses officiers, abandonner ainsi cette malheureuse enfant, qui aura peut-être été égarée à dessein[7], victime de quelque odieuse méchanceté. Mais comment l'emporter endormie ?

La forêt dans les contes de fées

La forêt joue un rôle important dans les contes : Blanche-Neige, après s'y être perdue, finit par trouver la maison des sept nains ; le Petit Chaperon rouge y rencontre le loup... Lieu de rencontres, la forêt abrite aussi tous les dangers !

4. Affolé.
5. Troupe de chiens.
6. Signalait.
7. Volontairement.

– Prince, lui dit son grand veneur[1] Hubert, ne pourrions-nous faire un brancard de branchages et la porter ainsi dans quelque hôtellerie voisine, pendant que Votre Altesse continuera la chasse ?

– Votre idée est bonne, Hubert; faites faire un brancard sur lequel nous la déposerons; mais ce n'est pas à une hôtellerie que vous la porterez, c'est dans mon propre palais. Cette jeune personne doit être de haute naissance[2], elle est belle comme un ange; je veux veiller moi-même à ce qu'elle reçoive les soins auxquels elle a droit. »

Hubert et les officiers eurent bientôt arrangé un brancard sur lequel le prince étendit son propre manteau; puis, s'approchant de Rosalie toujours endormie, il l'enleva doucement dans ses bras et la posa sur le manteau. À ce moment, Rosalie sembla rêver; elle sourit, et murmura à mi-voix :

« Mon père, mon père!… sauvé, à jamais!… la reine des fées… le prince Gracieux… je le vois… qu'il est beau ! »

Le prince, surpris d'entendre prononcer son nom, ne douta plus que Rosalie ne fût une princesse sous le joug[3] de quelque enchantement. Il fit marcher bien doucement les porteurs du brancard, afin que le mouvement n'éveillât pas Rosalie; il se tint tout le temps à ses côtés.

On arriva au palais de Gracieux; il donna des ordres pour qu'on préparât l'appartement de la reine, et, ne voulant pas souffrir que personne touchât à Rosalie, il la porta lui-même jusqu'à sa chambre, où il la déposa sur un lit, en recommandant aux femmes qui devaient la servir de le prévenir aussitôt qu'elle serait réveillée.

1. Personne qui dirige la meute des chiens.
2. Appartenir à une famille noble.
3. Pouvoir.

Rosalie dormit jusqu'au lendemain; il faisait grand jour quand elle s'éveilla; elle regarda autour d'elle avec surprise.

La méchante Souris n'était pas près d'elle; elle avait disparu.

« Serais-je délivrée de cette méchante fée Détestable ? dit Rosalie avec joie; suis-je chez quelque fée plus puissante qu'elle ? »

Elle alla à la fenêtre; elle vit des hommes d'armes, des officiers parés de brillants uniformes. De plus en plus surprise, elle allait appeler un de ces hommes qu'elle croyait être autant de génies et d'enchanteurs, lorsqu'elle entendit marcher; elle se retourna et vit le prince Gracieux, qui, revêtu d'un élégant et riche costume de chasse, était devant elle, la regardant avec admiration. Rosalie reconnut immédiatement le prince de son rêve, et s'écria involontairement :

« Le prince Gracieux !

– Vous me connaissez, madame ? dit le prince étonné. Comment, si vous m'avez reconnu, ai-je pu, moi, oublier votre nom et vos traits[4] ?

– Je ne vous ai vu qu'en rêve, prince, répondit Rosalie en rougissant; quant à mon nom, vous ne pouvez le connaître, puisque moi-même je ne connais que depuis hier celui de mon père.

– Et quel est-il, Madame, ce nom qui vous a été caché si longtemps ? »

Rosalie lui raconta alors tout ce qu'elle avait appris de son père; elle lui avoua naïvement sa coupable curiosité et les fatales conséquences qui s'en étaient suivies.

4. Votre visage.

« Jugez de ma douleur, prince, quand je dus quitter mon père pour me soustraire[1] aux flammes que la méchante fée avait allumées, quand, repoussée de partout à cause de la Souris grise, je me trouvai exposée à mourir de froid et de faim ! Mais, bientôt, un sommeil lourd et plein de rêves s'empara de moi ; j'ignore comment je suis ici et si c'est chez vous que je me trouve. »

Gracieux lui raconta comment il l'avait trouvée endormie dans la forêt, les paroles de son rêve qu'il avait entendus, et il ajouta :

« Ce que votre père ne vous a pas dit, Rosalie, c'est que la reine des fées, notre parente, avait décidé que vous seriez ma femme lorsque vous auriez quinze ans ; c'est elle sans doute qui m'a inspiré le désir d'aller chasser aux flambeaux, afin que je pusse vous trouver dans cette forêt où vous étiez perdue. Puisque vous aurez quinze ans dans peu de jours, Rosalie, daignez[2] considérer mon palais comme le vôtre ; veuillez d'avance y commander en reine. Bientôt votre père vous sera rendu, et nous pourrons aller faire célébrer notre mariage. »

Rosalie remercia vivement son jeune et beau cousin ; elle passa dans sa chambre de toilette[3], où elle trouva des femmes qui l'attendaient avec un grand choix de robes et de coiffures[4].

Rosalie, qui ne s'était jamais occupée de sa toilette, mit la première robe qu'on lui présenta, qui était en gaze[5] rose garnie de dentelles, et une coiffure en dentelles avec des roses moussues ; ses beaux cheveux châtains furent relevés en tresse formant une couronne. Quand elle fut prête, le prince vint la chercher pour la mener déjeuner.

1. Pour échapper.
2. Ayez la bonté de.
3. Pièce pour s'habiller.
4. Chapeaux ou accessoires pour les cheveux.
5. Tissu léger et transparent.

Rosalie mangea comme une personne qui n'a pas dîné la veille ; après le repas, le prince la mena dans le jardin ; il lui fit voir les serres, qui étaient magnifiques ; au bout d'une des serres, il y avait une petite rotonde[6] garnie de fleurs choisies ; au milieu était une caisse qui semblait contenir un arbre, mais une toile cousue l'enveloppait entièrement ; on voyait seulement, à travers la toile, quelques points briller d'un éclat extraordinaire.

IV. L'arbre de la rotonde

ROSALIE ADMIRA BEAUCOUP TOUTES LES FLEURS ; elle croyait que le prince allait soulever ou déchirer la toile de cet arbre mystérieux, mais il se disposa à[7] quitter la serre sans en avoir parlé à Rosalie.

« Qu'est-ce donc que cet arbre si bien enveloppé, prince ? demanda Rosalie.

– Ceci est le cadeau de noces que je vous destine ; mais vous ne devez pas le voir avant vos quinze ans, dit le prince gaiement.

– Mais qu'y a-t-il de si brillant sous la toile ? insista Rosalie.

– Vous le saurez dans peu de jours, Rosalie, et je me flatte que mon présent[8] ne sera pas un présent ordinaire.

– Et ne puis-je le voir avant ?

– Non, Rosalie ; la reine des fées m'a défendu de vous le montrer avant que vous soyez ma femme, sous peine de

6. Bâtiment rond souvent surmonté d'une coupole.
7. Décida de.
8. Cadeau.

grands malheurs. J'ose espérer que vous m'aimerez assez pour contenir pendant quelques jours votre curiosité. »

Ces derniers mots firent trembler Rosalie, en lui rappelant la Souris grise et les malheurs qui la menaçaient ainsi que son père si elle se laissait aller à la tentation qui lui était sans doute envoyée par son ennemie, la fée Détestable. Elle ne parla donc plus de cette toile mystérieuse, et elle continua sa promenade avec le prince ; toute la journée se passa agréablement. Le prince lui présenta les dames de sa cour, et leur dit à toutes qu'elles eussent à respecter[1] dans la princesse Rosalie l'épouse que lui avait choisie la reine des fées.

Rosalie fut très aimable pour tout le monde, et chacun se réjouit de l'idée d'avoir une si charmante reine. Le lendemain et les jours suivants se passèrent en fêtes, en chasses, en promenades, le prince et Rosalie voyaient approcher avec bonheur le jour de la naissance[2] de Rosalie, qui devait être aussi celui de leur mariage ; le prince, parce qu'il aimait tendrement sa cousine, et Rosalie, parce qu'elle aimait le prince, parce qu'elle désirait vivement revoir son père, et aussi parce qu'elle souhaitait ardemment[3] voir ce que contenait la caisse de la rotonde. Elle y pensait sans cesse ; la nuit elle y rêvait, et, dans les moments où elle était seule, elle avait une peine extrême à ne pas aller dans les serres, pour tâcher de découvrir le mystère.

Enfin arriva le dernier jour d'attente : le lendemain Rosalie devait avoir quinze ans. Le prince était très occupé des préparatifs de son mariage, auquel devaient assister toutes les bonnes fées de sa connaissance et la reine des fées.

1. Qu'elles devaient respecter.
2. L'anniversaire.
3. Vivement.

Rosalie se trouva seule dans la matinée; elle alla se promener, et, tout en réfléchissant au bonheur du lendemain, elle se dirigea machinalement vers la rotonde; elle y entra pensive et souriante, et se trouva en face de la toile qui recouvrait le trésor.

« C'est demain, dit-elle, que je dois enfin savoir ce que renferme cette toile… Si je voulais, je pourrais bien le savoir dès aujourd'hui, car j'aperçois quelques petites ouvertures dans lesquelles j'introduirais facilement les doigts… et en tirant un peu dessus… Au fait, qui est-ce qui le saurait? Je rapprocherais la toile après y avoir un peu regardé… Puisque ce doit être à moi demain, je puis bien y jeter un coup d'œil aujourd'hui. »

Elle regarda autour d'elle, ne vit personne, et, oubliant entièrement, dans son désir extrême de satisfaire sa curiosité, la bonté du prince et les dangers qui les menaçaient si elle cédait à la tentation, elle passa ses doigts dans une des ouvertures, tira légèrement : la toile se déchira du haut en bas avec un bruit semblable au tonnerre, et offrit aux yeux étonnés de Rosalie un arbre dont la tige était en corail et les feuilles en émeraudes; les fruits qui couvraient l'arbre étaient des pierres précieuses de toutes couleurs, diamants, perles, rubis, saphirs, opales, topazes, etc., aussi gros que les fruits qu'ils représentaient, et d'un tel éclat que Rosalie en fut éblouie. Mais à peine avait-elle envisagé[4] cet arbre sans pareil, qu'un bruit plus fort que le premier la tira de son extase[5] : elle se sentit enlever et transporter dans une plaine, d'où elle aperçut le palais du prince s'écroulant; des cris effroyables sortaient des ruines du palais, et bientôt Rosalie vit le prince lui-même

4. Examiné.
5. Admiration.

sortir des décombres, ensanglanté, couvert de haillons[1]. Il s'avança vers elle et lui dit tristement :

« Rosalie, ingrate[2] Rosalie, vois à quel état tu m'as réduit, moi et toute ma cour. Après ce que tu viens de faire, je ne doute pas que tu ne cèdes une troisième fois à ta curiosité, que tu consommes[3] mon malheur, celui de ton père et le tien.

« Adieu, Rosalie, adieu ! Puisse le repentir expier ton ingratitude[4] envers un malheureux prince qui t'aimait et qui ne voulait que ton bonheur ! »

En disant ces mots, il s'éloigna lentement. Rosalie s'était jetée à genoux ; inondée de larmes, elle l'appelait, mais il disparut à ses yeux, sans même se retourner pour contempler son désespoir. Elle était prête à s'évanouir, lorsqu'elle entendit le petit rire discordant de la Souris grise, qui était devant elle.

« Remercie-moi donc, Rosalie, de t'avoir si bien aidée.

C'est moi qui t'envoyais la nuit ces beaux rêves de la toile mystérieuse ; c'est moi qui ai rongé la toile pour te faciliter les moyens d'y regarder ; sans cette dernière ruse, je crois bien que tu étais perdue pour moi, ainsi que ton père et ton prince Gracieux. Mais encore une petite peccadille[5], ma mie, et vous serez à moi pour toujours. »

Et la Souris, dans sa joie infernale, se mit à danser autour de Rosalie ; ces paroles, toutes méchantes qu'elles étaient, n'excitèrent pas la colère de Rosalie.

« C'est ma faute, se dit-elle ; sans ma fatale curiosité, sans ma coupable ingratitude, la Souris grise n'aurait pas réussi à me faire commettre une si indigne action. Je dois l'expier[6] par ma douleur, par ma patience et par la ferme

1. Vêtements déchirés.
2. Qui ne témoigne aucune reconnaissance.
3. Achèves.
4. Je souhaite que tes regrets te fassent payer ta faute.
5. Petite faute.
6. La payer.

volonté de résister à la troisième épreuve, quelque difficile qu'elle soit[7].

D'ailleurs, je n'ai que quelques heures d'attente, et de moi dépendent, comme le disait mon cher prince, son bonheur, celui de mon père et le mien. »

Rosalie ne bougea donc pas ; la Souris grise avait beau employer tous les moyens possibles pour la faire marcher, Rosalie persista à rester en face des ruines du palais.

V. La cassette

Toute la journée se passa ainsi ; Rosalie souffrait cruellement de la soif.

« Ne dois-je pas souffrir bien plus encore, se disait-elle, pour me punir de ce que j'ai fait souffrir à mon père et à mon cousin ? J'attendrai ici mes quinze ans. »

La nuit commençait à tomber, quand une vieille femme qui passait s'approcha d'elle et lui dit :

« Ma belle enfant, voudriez-vous me rendre le service de me garder cette cassette[8] qui est bien lourde à porter, pendant que je vais aller près d'ici voir une parente ?

– Volontiers, madame », dit Rosalie, qui était très complaisante[9].

La vieille lui remit la cassette en disant :

« Merci, la belle enfant ; je ne serai pas longtemps absente.

« Ne regardez pas ce qu'il y a dans cette cassette, car elle contient des choses… des choses comme vous n'en

7. Même si elle est difficile.
8. Ce coffret.
9. Serviable.

avez jamais vu… et comme vous n'en reverrez jamais. Ne la posez pas trop rudement, car elle est en écorce fragile, et un choc un peu rude pourrait la rompre… Et alors vous verriez ce qu'elle contient… Et personne ne doit voir ce qui s'y trouve enfermé. »

Elle partit en disant ces mots. Rosalie posa doucement la cassette près d'elle, et réfléchit à tous les événements qui s'étaient passés. La nuit vint tout à fait ; la vieille ne revenait pas. Rosalie jeta les yeux sur la cassette, et vit avec surprise qu'elle éclairait la terre autour d'elle.

« Qu'est-ce, dit-elle, qui brille dans cette cassette ? »

Elle la retourna, la regarda de tous côtés, mais rien ne put lui expliquer cette lueur extraordinaire ; elle la posa de nouveau à terre, et dit :

« Que m'importe ce que contient cette cassette ? Elle n'est pas à moi, mais à la bonne vieille qui me l'a confiée. Je ne veux plus y penser, de crainte d'être tentée de l'ouvrir. »

En effet, elle ne la regarda plus et tâcha de n'y plus penser ; elle ferma les yeux, résolue d'attendre ainsi le retour du jour.

« Alors j'aurai quinze ans, je reverrai mon père et Gracieux, et je n'aurai plus rien à craindre de la méchante fée.

– Rosalie, Rosalie, dit précipitamment la petite voix de la Souris, me voici près de toi ; je ne suis plus ton ennemie, et pour te le prouver, je vais, si tu veux, te faire voir ce que contient la cassette. »

Rosalie ne répondit pas.

« Rosalie, tu n'entends donc pas ce que je te propose ? Je suis ton amie, crois-moi, de grâce. »

Pas de réponse.

Alors la Souris grise, qui n'avait pas de temps à perdre, s'élança sur la cassette et se mit en devoir d'en ronger le couvercle.

« Monstre, s'écria Rosalie en saisissant la cassette et la serrant contre sa poitrine, si tu as le malheur de toucher à cette cassette, je te tords le cou à l'instant ! »

La Souris lança à Rosalie un coup d'œil diabolique, mais elle n'osa pas braver[1] sa colère. Pendant qu'elle combinait un moyen d'exciter la curiosité de Rosalie, une horloge sonna minuit. Au même moment, la Souris poussa un cri lugubre et dit à Rosalie :

« Rosalie, voici l'heure de ta naissance qui a sonné ; tu as quinze ans ; tu n'as plus rien à craindre de moi ; tu es désormais hors de mon atteinte, ainsi que ton odieux père et ton affreux prince. Et moi je suis condamnée à garder mon ignoble forme de souris, jusqu'à ce que je parvienne à faire tomber dans mes pièges une jeune fille belle et bien née[2] comme toi. Adieu, Rosalie ; tu peux maintenant ouvrir ta cassette. »

Et, en achevant ces mots, la Souris grise disparut.

Rosalie, se méfiant des paroles de son ennemie, ne voulut pas suivre son dernier conseil, et se résolut à garder la cassette intacte jusqu'au jour. À peine eut-elle pris cette résolution, qu'un hibou qui volait au-dessus de Rosalie laissa tomber une pierre sur la cassette qui se brisa en mille morceaux. Rosalie poussa un cri de terreur ; au même moment elle vit devant elle la reine des fées, qui lui dit :

« Venez, Rosalie ; vous avez enfin triomphé de la cruelle ennemie de votre famille ; je vais vous rendre à votre père ; mais auparavant, buvez et mangez. »

1. S'opposer à.
2. Noble.

Et la fée lui présenta un fruit dont une seule bouchée rassasia et désaltéra Rosalie[1]. Aussitôt, un char attelé de deux dragons se trouva près de la fée qui y monta et y fit monter Rosalie.

Rosalie, revenue de sa surprise, remercia vivement la fée de sa protection, et lui demanda si elle n'allait pas revoir son père et le prince Gracieux.

« Votre père vous attend dans le palais du prince.

– Mais, madame, je croyais le palais du prince détruit, et lui-même blessé et réduit à la misère.

– Ce n'était qu'une illusion pour vous donner plus d'horreur de votre curiosité, Rosalie, et pour vous empêcher d'y succomber une troisième fois. Vous allez retrouver le palais du prince tel qu'il était avant que vous ayez déchiré la toile qui recouvrait l'arbre précieux qu'il vous destine. »

Comme la fée achevait ces mots, le char s'arrêta près du perron[2] du palais. Le père de Rosalie et le prince l'attendaient avec toute la cour. Rosalie se jeta dans les bras de son père et dans ceux du prince, qui n'eut pas l'air de se souvenir de sa faute de la veille. Tout était prêt pour la cérémonie du mariage qu'on célébra immédiatement ; toutes les fées assistèrent aux fêtes qui durèrent plusieurs jours. Le père de Rosalie vécut près de ses enfants. Rosalie fut à jamais guérie de sa curiosité ; elle fut tendrement aimée du prince Gracieux, qu'elle aima toute sa vie ; ils eurent de beaux enfants, et ils leur donnèrent pour marraines des fées puissantes, afin de les protéger contre les mauvaises fées et les mauvais génies.

1. Calma la faim et la soif de Rosalie.
2. De l'entrée.

Pause lecture 3

Un défaut vaincu

La précaution inutile chapitre I

Avez-vous bien lu ?

Pourquoi Rosalie est-elle élevée à l'écart ?

❏ Pour ne pas voir les misères du monde.
❏ Pour éviter de mauvaises fréquentations.
❏ Pour ne pas devenir une jeune fille curieuse.

Prudent, un père bien nommé

1 Contre quel défaut le père de Rosalie lutte-t-il ?

La tentation

2 Pour quelle raison Rosalie demande-t-elle à son père la clef de la maisonnette ? Qu'est-ce qui la surprend alors ? Comment réagit-elle ?

3 Lors du dîner, que fait Rosalie pour gagner la confiance de son père ?

La désobéissance

4 Quelle demande le père adresse-t-il à sa fille avant de sortir ? Que lui promet-il en échange ? De quelles qualités fait-il preuve ?

5 Entre quels sentiments Rosalie est-elle partagée ? Quel argument l'emporte sur tous les autres ?

Le châtiment chapitres II et III

Avez-vous bien lu ?

Rosalie connaît déjà le nom du prince car...

❏ elle l'a déjà rencontré à un bal ?
❏ son père lui en a parlé ?
❏ la fée Détestable le lui a présenté ?

La fée Détestable

1 Quels sont les pouvoirs magiques de la fée Détestable ? Quels sont ses défauts ?

2 Face aux questions de son père, comment réagit Rosalie ? Montrez qu'elle est troublée. Quelle excuse trouve-t-elle à son comportement ?

Les secrets d'un père

3 Pourquoi la fée Détestable est-elle l'ennemie de Prudent ? Quel pacte la reine des fées a-t-elle imposé ?

4 Pourquoi Prudent est-il sorti pendant une heure ?

Le prince Gracieux

5 Quelles sont les qualités du prince Gracieux ? Quel sentiment éprouve-t-il immédiatement pour Rosalie ? Relevez tous les indices qui le prouvent.

La victoire finale chapitres IV et V

Avez-vous bien lu ?

Rosalie...

❑ doit encore se méfier de sa curiosité ?
❑ a triomphé pour toujours de son défaut ?
❑ transmet son défaut à ses enfants ?

Les dernières épreuves

1 Recopiez ce tableau, remplissez-le et commentez-le.

	1re épreuve	2e épreuve	3e épreuve
Quel est l'objet de la tentation ?			
Qui tente Rosalie ?			
Qui met en garde Rosalie ?			
Rosalie a-t-elle cédé ?			
Quelles sont les conséquences ?			

2 Après la 2e épreuve, quels reproches le prince adresse-t-il à Rosalie ?

Une glorieuse résistance

3 Quand a lieu la 1re épreuve par rapport à l'anniversaire de Rosalie ? Quand a lieu la 2e épreuve ? Et la 3e épreuve ? Quel est l'effet créé par cette chronologie ?

4 Quelles qualités l'héroïne a-t-elle développées pour lui permettre de résister à son défaut ?

Vers l'expression

Vocabulaire

1. Retrouvez l'adverbe qui correspond à chacun des adjectifs suivants :

Adjectif	Adverbe	Adjectif	Adverbe
soigneux		*prudent*	
beau		*élégant*	

2. En observant les adjectifs en – *ent* et en – *ant* devenus adverbes, quelle règle pouvez-vous déduire ?

À vous de jouer

Rédigez un récit.

Rosalie s'apprête à fêter ses vingt ans. La fée Détestable revient mais s'attaque cette fois-ci à Prudent en le tentant. Racontez !

Faites une recherche.

La fée Détestable n'a pas été invitée au mariage de Prudent. Elle devient son ennemie. Cherchez un autre conte où une fée, vexée de ne pas avoir été conviée à un baptême, se venge. Comparez les deux histoires.

Du texte à l'image

Observez la gravure → voir dossier images p. III

1. Où Rosalie se trouve-t-elle ? Observez le décor.
2. D'après le conte, que regarde-t-elle ?
3. Imaginez les sentiments du personnage.

La Petite Souris grise, illustration d'Albert Uriet pour les éditions Mame, 1934.

Observez le dessin → voir dossier images p. IV

1. Montrez que la serrure est un objet magique.
2. Imaginez les paroles d'Alice et la réponse de la serrure.

Alice au pays des merveilles, dessin animé réalisé par Walt Disney, 1951.

Questions sur...

Trois contes sur la curiosité

1. La situation initiale

1 L'époque et le lieu dans lesquels se déroulent les trois contes sont-ils précisés? Pourquoi?

2 Quel est le personnage commun aux trois contes? Où vit-il?

3 Quels contes mettent en scène des personnages issus de la noblesse? Quel conte, au contraire, montre des paysans?

2. L'action

4 Citez ce qui tente :
- la femme de la Barbe Bleue;
- la paysanne dans *La Curiosité*;
- Rosalie.

Qu'en déduisez-vous?

5 La Barbe Bleue et le père de Rosalie s'absentent. Quelle est la véritable raison de leur départ?

6 Quelles sont les conséquences de la curiosité des personnages dans chacun des contes?

7 Les héros sont-ils aidés? Par qui?

3. Le merveilleux

8 Sous quelle forme les fées apparaissent-elles dans *La Barbe Bleue* et *La Petite Souris grise*?

9 Quel est le conte où le merveilleux apparaît le moins?

4. La moralité

10 Dans quels contes la fin est-elle heureuse ? Quel conte, au contraire, marque un retour à la situation initiale ? Dans quel conte l'héroïne parvient-elle à triompher de sa curiosité ? Qu'en est-il des héroïnes des autres contes ?

11 Résumez en une phrase la leçon à tirer :
- de *La Barbe Bleue* ;
- de *La Curiosité* ;
- de *La Petite Souris grise.*

12 Quel conte avez-vous préféré ? Justifiez votre choix.

Après la lecture

Genre

Le conte, un récit merveilleux

Thème

La curiosité à travers les textes fondateurs

Le conte, un récit merveilleux

◆ Une histoire pour tous

Une histoire se raconte, s'écoute ou se lit. Un conte ? Ça se savoure ! Le conte est évasion, mais aussi voyage intérieur : c'est un récit d'aventures, qui mêle peurs et désirs...

Le conte est issu d'une tradition orale qui relie les générations entre elles. D'abord transmis de bouche à oreille, il émerveille ou effraie les enfants qui deviendront peut-être, à leur tour, des conteurs attentifs.

« Le conte émerveille ou effraie les enfants. »

Mais le conte est aussi très personnel : il parle à chacun d'entre nous. Très souvent, les époques et les lieux de l'histoire ne sont pas précisés, et les personnages sont à peine décrits : l'épouse de la Barbe Bleue, par exemple, n'a même pas de prénom ! Grâce à ces procédés, le lecteur peut facilement entrer dans l'histoire et s'identifier aux héros.

◆ Une histoire bien construite

Un conte est raconté selon des règles précises, correspondant au schéma narratif :

• **La situation initiale** présente le cadre et les personnages.

• **La modification** vient perturber le quotidien du héros pour l'entraîner dans des aventures.

• **Les péripéties** confrontent le héros à des épreuves. Ces étapes sont douloureuses mais enrichissantes.

• **La résolution** apporte une solution à l'aventure.

• **La situation finale** marque le triomphe du héros ou de l'héroïne, grandi(e) par les épreuves. Elle se prolonge parfois par une morale.

Pas d'aventures sans dangers pour le personnage principal ! Les sorcières, les fées, les ogres mettent le héros à l'épreuve. Mais la tentation, elle aussi, constitue un sérieux danger. C'est une péripétie qui peut faire basculer l'histoire : si le héros cède à sa curiosité, l'aventure prend un tournant dramatique !

◆ Une histoire merveilleuse

Par la célèbre **formule** « Il était une fois », le lecteur accepte de se laisser entraîner dans un univers merveilleux. La réalité s'éloigne progressivement. On peut alors croiser des créatures surnaturelles, comme des animaux doués de parole.
Le **merveilleux** est personnifié par la fée. Bénéfique ou maléfique (on la nomme alors **sorcière**), son apparence peut réserver des surprises. Clef, animal, forêt : tout peut être soumis au pouvoir de la fée, c'est-à-dire « ensorcelé ». La fée décide du destin des héros. Aides précieux ou opposants maudits, les **objets magiques** pèsent aussi sur le sort des personnages et peuvent incarner la tentation.

◆ Une histoire morale

À la fin du conte, le héros est toujours récompensé, parce qu'il a surmonté des épreuves. Elles l'ont certes blessé, mais aussi enrichi : elles lui ont donc permis de mûrir.

« Combattre ses défauts pour révéler ses qualités de cœur. »

Telle est la morale : combattre ses défauts pour révéler ses qualités de cœur.
L'auteur d'un conte remplit ainsi une double mission : **divertir et enseigner**.
Le conteur cherche à nous éclairer : car la vie place sur notre chemin des difficultés et des pièges. Une victoire est alors promise à celui ou celle qui saura, dans le conte comme dans la réalité, les **affronter avec cœur et courage**. Au moment de fermer le livre, c'est un formidable espoir pour le lecteur. ■

La curiosité à travers les textes fondateurs

◆ Qualité ou défaut ?

Emprunté au latin *curiositas*, qui signifie « soin » ou « désir de connaître », la curiosité désigne d'abord la passion de découvrir des choses nouvelles, dignes d'intérêt. Soif de connaissance et ouverture d'esprit sont ici célébrées. Mais c'est aussi un désir de connaître les secrets, les affaires des autres. Nos héros en seront victimes !

« La curiosité est, selon le dicton, "un vilain défaut". »

◆ La curiosité dans la Bible

Dieu installe **Adam et Ève** dans le jardin d'Éden. Il leur interdit de consommer le fruit de l'arbre de la connaissance du Bien et du Mal. Mais le Serpent parvient à tenter Ève, qui croque dans le fruit défendu avant d'en faire manger à Adam. Ils seront expulsés du Paradis.

◆ La curiosité dans la mythologie

■ Une curiosité punie

Icare, dans la mythologie grecque, a aussi succombé à la curiosité. Muni d'ailes, confectionnées de cire et de plumes, et en quête de vérité, il s'approcha trop près du Soleil, malgré les recommandations de son père Dédale. Il mourut, précipité dans la mer, trahi par ses ailes dont la cire avait fondu.

L'histoire de **Pandore** est tout aussi tragique. Elle avait reçu de Zeus une boîte contenant tous les maux de l'humanité, comme la Maladie, la Folie, le Vice, la Tromperie et la Passion, ainsi que l'Espérance. Zeus avait interdit à Pandore de l'ouvrir. Mais Pandore céda à la curiosité et libéra malgré elle tous les maux de l'humanité. Seule l'Espérance y demeura enfermée.

La princesse **Psyché** fut, à deux reprises, victime de sa curiosité : elle profita tout d'abord du sommeil d'Éros, son amant, pour le démasquer et percer ainsi le mystère de son identité, ce qui lui était pourtant défendu. Le dieu de l'amour, furieux, s'enfuit. Tentée une seconde fois par une boîte, elle l'ouvrit, ce qui la plongea dans un sommeil profond et fatal. Éros, épris de la jeune femme, la ranima et l'épousa.

■ Une curiosité récompensée

Pourtant, la curiosité est parfois bonne conseillère.

Le Petit Poucet, une nuit, alla espionner ses parents. Il apprit qu'ils n'avaient pas un sou pour vivre et qu'ils se préparaient à abandonner leurs enfants dans la forêt, faute de pouvoir les nourrir. Le Petit Poucet eut l'idée de semer des petits cailloux blancs, ce qui lui permit de rentrer au foyer et d'échapper à une mort certaine. Intelligence, observation et curiosité le sauvèrent de bien des épreuves.

Enfin, c'est poussée par sa curiosité qu'**Alice**, la petite héroïne de l'écrivain anglais Lewis Carroll (1832-1898), eut l'idée de suivre un lapin bavard, pour atteindre le pays des merveilles. Véritable exploratrice, la petite fille découvrit un monde étrange, peuplé de personnages absurdes.

La curiosité est ainsi formatrice et permet d'accéder à la réflexion, à la maturité. Finalement, ce vilain défaut est une qualité nécessaire ! ■

« La curiosité est ainsi formatrice et permet d'accéder à la réflexion, à la maturité. »

Autre lecture

Rudyard Kipling

L'Enfant d'Éléphant

Traduit de l'anglais par
Robert d'Humières et Louis Fabulet

1902

texte intégral

Dans ce conte, la curiosité joue des tours à un petit éléphant...

Qui est Rudyard Kipling ?

Rudyard Kipling (1865-1936)

Cet écrivain britannique est né à Bombay, en Inde. Après avoir été élevé en Angleterre, il revient dans son pays natal pour y exercer le métier de journaliste. Il voyage ensuite dans le monde entier et écrit des récits. Ses romans les plus connus sont les deux *Livres de la jungle*, parus en 1894 et 1895. *Histoires comme ça*, publié en 1902, est un recueil d'histoires enfantines écrites en mémoire de sa fille Joséphine, décédée à l'âge de huit ans. Il reçoit le prix Nobel de littérature en 1907.

IMAGINE-TOI QU'AU TEMPS JADIS, l'Éléphant, ô Mieux Aimée[1], n'avait pas de trompe. Il n'avait qu'un nez noiraud, courtaud, gros comme une botte, qu'il pouvait tortiller de droite et de gauche, mais pas ramasser des choses avec.

Or, il y avait un Éléphant – un Éléphant tout neuf – un Enfant d'Éléphant – plein d'une insatiable[2] curiosité ; cela veut dire qu'il faisait toujours un tas de questions. Et il demeurait en Afrique, et il remplissait toute l'Afrique de ses insatiables curiosités. Il demanda à sa grande tante l'Autruche pourquoi les plumes de sa queue poussaient comme ça ; et sa grande tante l'Autruche le cogna de sa dure, dure patte. Il demanda à son gros oncle l'Hippopotame pourquoi il avait les yeux rouges ; et son gros oncle l'Hippopotame le cogna de son gros, gros pied. Il demanda à sa maigre tante la Girafe pourquoi elle avait la peau tachetée, et sa maigre tante la Girafe le cogna de son dur, dur sabot ; et il demanda à son oncle poilu le Babouin pourquoi les melons avaient ce goût-là, et son oncle poilu le Babouin le cogna du revers de sa main poilue.

Il posait des questions à propos de tout ce qu'il voyait, entendait, éprouvait, sentait et touchait et tous ses oncles et tantes le cognaient ; ce qu'il ne l'empêchait pas de rester plein d'une insatiable curiosité.

Un beau matin, au milieu de la Précession des Équinoxes[3], cet insatiable Enfant d'Éléphant fit une belle question qu'il n'avait jamais faite encore. Il demanda :

« Qu'est-ce que le Crocodile mange pour dîner ? »

Là-dessus, tout le monde lui dit : « Chut ! » à haute et terrible voix, et on se mit à le cogner sans perdre une minute, ni s'arrêter pendant longtemps.

1. Surnom donné par Kipling à sa fille Joséphine, morte de la tuberculose à huit ans. Le recueil lui est dédié.
2. Qu'on ne peut calmer.
3. Période, en mars et septembre, où le jour et la nuit ont à peu près la même durée.

Un peu plus tard, quand ce fut fini, il tomba sur l'oiseau Kolokolo perché dans un buisson d'épines, et il dit :

« Mon père m'a cogné, et ma mère m'a cogné ; tous mes oncles, et mes tantes m'ont cogné de même pour mon insatiable curiosité ; n'empêche que je veux savoir ce que le Crocodile a pour dîner ! »

Alors l'oiseau Kolokolo dit, avec un cri lamentable :

« Va sur les rives du grand fleuve Limpopo. Il est comme de l'huile, gris vert et tout bordé d'arbres à fièvre[1]. Cherche là ! »

Dès le matin suivant, comme il ne restait plus rien des Équinoxes, cet insatiable Enfant d'Éléphant prit cent livres de bananes (de la petite espèce courte et rouge), cent livres de cannes à sucre (de la longue espèce violette) et dix-sept melons (de l'espèce verte craquelée), et dit à tous les siens :

« Au revoir ; je vais au grand fleuve Limpopo qui est comme de l'huile, gris vert et tout bordé d'arbres à fièvre, pour savoir ce que le Crocodile mange pour dîner. »

Et tous le cognèrent en chœur une fois de plus pour lui porter chance, bien qu'il les priât le plus poliment du monde de n'en rien faire.

Puis il s'en alla, un peu congestionné[2], mais pas étonné du tout, tout en mangeant des melons dont il semait l'écorce, parce qu'il ne pouvait la ramasser.

Il alla de Graham's Town[3] à Kimberley[4], et de Kimberley au pays de Khama, et du pays de Khama il marcha Nord-Nord-Est, mangeant des melons tout le temps, jusqu'à ce que, à la fin, il arrivât aux berges du grand fleuve Limpopo qui est comme de l'huile, gris vert et tout bordé d'arbres à fièvre, exactement comme avait dit l'oiseau Kolokolo.

1. Arbres du sud-est de l'Afrique.
2. Rouge.
3. et 4. Deux villes d'Afrique du Sud.

Or, il te faut savoir et comprendre bien, Mieux Aimée, que, jusqu'à cette semaine, ce jour, cette heure et cette minute-là, cet insatiable Enfant d'Éléphant n'avait jamais vu de Crocodile ni ne savait comment c'était fait. Tout ça, c'était son insatiable curiosité.

La première chose qu'il trouva fut un Serpent-Python-Bicolore-de-Rocher enroulé autour d'un rocher.

« Fait 'xcuse, fit l'Enfant d'Éléphant avec la plus grande politesse, mais n'auriez-vous rien vu qui ressemble à un Crocodile dans ces parages circonvoisins[5] ?

– Si j'ai vu un Crocodile ? s'écria le Serpent-Python-Bicolore-de-Rocher d'un ton de mépris écrasant. Qu'est-ce que vous allez me demander encore, après cela ?

– Fait 'xcuse, dit l'Enfant d'Éléphant, mais auriez-vous la bonté de me dire ce qu'il mange pour dîner ? »

Là-dessus le Serpent-Python-Bicolore-de-Rocher se détortilla très vite du rocher et cogna l'Enfant d'Éléphant de son écailleuse[6] et fouettante queue.

« C'est drôle, dit l'Enfant d'Éléphant, car mon père et ma mère, ainsi que mon oncle et ma tante, sans parler de mon autre tante, la Girafe, et de mon autre oncle, le Babouin, m'ont cogné tous pour mon insatiable curiosité – et je pense qu'ici c'est la même chose. »

De sorte qu'il prit congé avec la plus grande politesse du Serpent-Python-Bicolore-de-Rocher, après l'avoir aidé à se reboudiner autour de son rocher ; puis continua, un peu congestionné mais pas étonné du tout, mangeant des melons dont il semait l'écorce parce qu'il ne pouvait pas la ramasser, jusqu'à ce qu'il posât le pied sur ce qu'il prit pour une souche[7] au bord même du grand fleuve Limpopo

5. Voisins.
6. Qui a des écailles.
7. Racine.

Autre lecture

qui est comme de l'huile, gris vert et tout bordé d'arbres à fièvre.

Mais c'était bel et bien le Crocodile, ô Mieux Aimée, et le Crocodile cligna d'un œil – comme ceci !

« Fait 'xcuse, dit l'Enfant d'Éléphant avec la plus grande politesse, mais vous serait-il arrivé de voir un Crocodile dans ces parages circonvoisins ? »

Là-dessus, le Crocodile cligna de l'autre œil et souleva à demi sa queue hors de la vase ; et l'Enfant d'Éléphant se recula avec la plus grande politesse, car il n'avait pas envie d'être cogné de nouveau.

« Viens çà, petit, dit le Crocodile ; pourquoi fais-tu de ces questions-là ?

– Fait 'xcuse, dit l'Enfant d'Éléphant avec la plus grande politesse, mais mon père m'a cogné, ma mère m'a cogné, sans parler de ma grande tante l'Autruche, de mon gros oncle l'Hippopotame, de ma tante la Girafe qui rue si fort, ni de mon oncle poilu le Babouin, sans oublier le Serpent-Python-Bicolore-de-Rocher, à l'écailleuse et fouettante queue, là-bas au tournant de la berge, qui cogne plus fort que tout le monde ; c'est pourquoi, si cela ne vous fait rien, j'aimerais mieux ne plus être cogné pour aujourd'hui.

– Viens çà, petit, dit le Crocodile, car le Crocodile, c'est moi. »

Et il versa des larmes de Crocodile pour montrer qu'il disait vrai.

Alors l'Enfant d'Éléphant en eut l'haleine coupée et, tout soufflant, s'agenouilla sur la berge et dit :

« Vous êtes la personne même que je cherche depuis de si longs jours. Voudriez-vous, s'il vous plaît, me dire ce que vous mangez pour dîner ?

– Viens çà, petit, dit le Crocodile, et je vais te le dire à l'oreille. »

Alors l'Enfant d'Éléphant approcha sa tête tout près de la gueule dentue et musquée[1] du Crocodile, et le Crocodile le happa[2] par son petit bout de nez, lequel, jusqu'à cette semaine, ce jour, cette heure et cette minute-là, n'était pas plus grand qu'une botte.

« Je crois…, dit le Crocodile – et il dit cela entre ses dents – je crois qu'aujourd'hui je commencerai par de l'Enfant d'Éléphant. »

À ces mots, ô Mieux Aimée, l'Enfant d'Éléphant se sentit fort ennuyé, et il dit, en parlant du nez comme ceci :

« Laissez-boi aller, fous be faides bal ! »

Alors le Serpent-Python-Bicolore-de-Rocher descendit la berge dare-dare[3] et dit :

« Mon jeune ami, si vous ne tirez pas dès maintenant, sur-le-champ, aussi fort que vous pouvez, j'ai grand peur que ce vieil ulster[4] de cuir à grands carreaux vous précipite en ce courant limpide, en moins de temps qu'il n'en faut pour dire ouf ! »

Alors l'Enfant d'Éléphant s'assit sur ses petites hanches et tira, tira, tira encore, tant et si bien que son nez commença de s'allonger. Et le Crocodile s'aplatit dans l'eau qu'à grands coups de queue il fouettait comme de la crème, et lui aussi tira, tira.

Et le nez de l'Enfant d'Éléphant continuait à s'allonger ; et l'Enfant d'Éléphant se cala sur ses autres petites pattes et tira, tira, tira encore, et son nez continuait à s'allonger ; et le Crocodile godilla[5] de la queue comme d'un aviron, et lui aussi tira, tira, tira encore, et, à chaque effort, le nez de

1. À l'odeur forte.
2. L'attrapa.
3. En toute hâte.
4. Long manteau d'hiver. Désigne ici, sur le mode humoristique, le Crocodile.
5. Remua.

l'Enfant d'Éléphant s'allongeait de plus en plus, – et cela lui faisait grand mal !

Puis l'Enfant d'Éléphant sentit ses pieds glisser, et il dit, en parlant du nez, ce nez qui avait maintenant près de cinq pieds[1] de long :

« C'est drop. Je n'y diens plus ! »

Alors le Serpent-Python-Bicolore-de-Rocher descendit sur la berge et se noua en deux demi-clefs autour des jambes de derrière de l'Enfant d'Éléphant et dit :

« Voyageur téméraire[2] et dépourvu d'expérience, nous allons maintenant donner pour de bon un peu de haute pression, parce que, autrement, j'ai dans l'idée que ce cuirassé à hélice et pont blindé[3] que voilà va compromettre irréparablement[4] votre brillant avenir. »

Alors il tira, et l'Enfant d'Éléphant tira et le Crocodile tira ; mais l'Enfant d'Éléphant et le Serpent-Python-Bicolore-de-Rocher tirèrent le plus fort ; et, à la fin, le Crocodile lâcha le nez de l'Enfant d'Éléphant avec un plop que l'on entendit du haut en bas du fleuve Limpopo.

Alors l'Enfant d'Éléphant s'assit, raide et dur ; mais il commença par dire « Merci » au Serpent-Python-Bicolore-de-Rocher ; et fut gentil ensuite pour son pauvre nez, qu'il enveloppa tout du long d'une compresse de feuilles de bananier fraîches et laissa pendre au frais dans le grand fleuve Limpopo qui est comme de l'huile et gris vert.

« Pourquoi faites-vous ça ? dit le Serpent-Python-Bicolore-de-Rocher.

– Fait 'xcuse, dit l'Enfant d'Éléphant, mais mon nez est vilainement déformé et j'attends qu'il reprenne son galbe[5].

Page suivante : illustration de Peggy O'Sheel pour *L'Enfant d'Éléphant*, 1992.

1. Le pied est une unité de mesure anglaise.
2. Ici, imprudent.
3. Vaisseau de guerre. Ici, allusion au Crocodile.
4. Définitivement.
5. Sa forme.

– Alors, tu attendras longtemps, dit le Serpent-Python-Bicolore-de-Rocher. Il y a des gens qui ne connaissent pas leur bonheur. »

L'Enfant d'Éléphant resta là trois jours assis, attendant que son nez diminue. Mais ce nez ne diminuait pas et même il le faisait loucher. Car, ô Mieux Aimée, tu as saisi et compris que le Crocodile, à force de tirer, en avait fait bel et bien une trompe, telle que tous les éléphants portent aujourd'hui.

Vers la fin du troisième jour, une mouche vint, qui le piqua sur l'épaule ; et avant de savoir ce qu'il faisait, il leva sa trompe et tua cette mouche.

« 'Vantage numéro UN ! dit le Serpent-Python-Bicolore-de-Rocher. Tu n'aurais jamais pu faire ça avec un simple petit tronçon[1] de nez. Essaye de manger un peu, maintenant. »

Avant de se rendre compte de ce qu'il faisait, l'Enfant d'Éléphant étendit sa trompe et arracha un gros paquet d'herbe, en épousseta les racines contre ses jambes de devant, et se le tassa dans la bouche.

« 'Vantage numéro DEUX ! dit le Serpent-Python-Bicolore-de-Rocher. Tu n'aurais jamais pu faire ça avec un simple petit tronçon de nez. Ne trouves-tu pas que le soleil tape dur ici ?

– C'est vrai, dit l'Enfant d'Éléphant. »

Et, avant de se rendre compte de ce qu'il faisait, il cueillit une motte de vase sur la berge du grand fleuve Limpopo et se l'appliqua sur la tête, où ça lui fit une belle casquette fraîche qui lui dégoulinait derrière les oreilles.

« 'Vantage numéro TROIS ! dit le Serpent-Python-Bicolore-de-Rocher. Tu n'aurais jamais pu faire ça avec un

1. Bout.

simple petit tronçon de nez. Maintenant, si on te cognait, qu'est-ce que tu dirais ?

– Fait 'xcuse, dit l'Enfant d'Éléphant, mais cela ne me plairait pas du tout.

– Qu'est-ce que ça te dirait de cogner quelqu'un ? dit le Serpent-Python-Bicolore-de-Rocher.

– Ma foi, cela me plairait assez, dit l'Enfant d'Éléphant.

– Et bien, dit le Serpent-Python-Bicolore-de-Rocher, tu trouveras ce nouveau nez que tu as là fort utile pour cogner les gens.

– Merci ! dit l'Enfant d'Éléphant. Je m'en souviendrai ; et maintenant, je crois que je vais rentrer à la maison rejoindre mon excellente famille et tâcher de voir. »

C'est ainsi que l'Enfant d'Éléphant retourna chez lui à travers l'Afrique, en jouant et folâtrant[2] avec sa trompe.

Par un soir tout noir, il rejoignit son excellente famille et, sa trompe roulée, il dit :

« Comment vous portez-vous ? »

Ils furent très contents de le revoir, et immédiatement répondirent :

« Viens ici qu'on te cogne pour ton insatiable curiosité.

– Peuh ! dit l'Enfant d'Éléphant. Je crois, mes braves gens, que vous n'y connaissez rien pour la chose de cogner ; quant à moi, c'est différent. Vous allez voir. »

Alors il déroula sa trompe et jeta deux de ses parents cul par-dessus tête.

« Oh ! sac à bananes ! dirent-ils, où as-tu appris ce coup-là, et qu'est-ce qui est arrivé à ton nez ?

– Le Crocodile, qui demeure sur les berges du grand fleuve Limpopo, lequel est comme de l'huile et gris vert,

2. S'amusant.

m'en a fait cadeau d'un neuf, dit l'Enfant d'Éléphant. Je lui ai demandé ce qu'il avait pour dîner, et… il m'a donné ça comme souvenir.

– C'est vilain, dit son oncle poilu le Babouin.

– Peut-être, dit l'Enfant d'Éléphant, mais pourtant c'est commode. »

Et, saisissant son oncle poilu le Babouin par une jambe, il le déposa dans un nid d'abeilles.

Alors ce méchant Enfant d'Éléphant se mit à cogner toute son excellente famille tant et plus, au point qu'ils finirent par avoir très chaud et à se sentir fort étonnés. Il arracha à sa grande tante l'Autruche les plumes de sa queue ; il prit son autre tante la Girafe par une jambe de derrière et la traîna par un buisson d'épines ; il fit des peurs à son oncle l'Hippopotame en lui soufflant des bulles par l'oreille, pendant qu'il faisait la sieste dans l'eau ; mais il ne laissa personne toucher à l'oiseau Kolokolo.

À la fin, cela chauffa tellement que toute sa chère famille partit à la queue leu leu vers les berges du grand fleuve Limpopo qui est comme de l'huile, gris vert et tout bordé d'arbres à fièvre, pour faire au Crocodile l'emprunt de nouveaux nez. Quand ils revinrent, personne ne cogna plus personne ; et c'est depuis ce jour-là, Mieux Aimée, que tous les éléphants que tu verras, sans parler de tous ceux que tu ne verras pas, ont des trompes exactement semblables à la trompe de l'insatiable Enfant d'Éléphant.

À lire

- ***Ali Baba et les Quarante Voleurs***, IXe siècle

L'un des plus célèbres contes des *Mille et Une Nuits*. Le héros observe un groupe de voleurs entrer dans une grotte. Sa curiosité sera-t-elle plus forte que sa peur ? Sésame, ouvre-toi !

- ***Jack et le Haricot magique***, XVIIIe siècle

Une mère et son fils décident de vendre leur seule vache au marché. L'enfant s'en charge mais revient avec pour seul butin de modestes graines de haricot... Sa mère se fâche et les jette dans le jardin. Le lendemain matin, Jack découvre que d'immenses pieds de haricot ont poussé jusqu'aux nuages. Aura-t-il la curiosité de les escalader ?

- **Lewis Carroll**, ***Alice au pays des merveilles***, 1865

Une petite fille s'ennuie... Elle décide alors de se laisser guider par sa curiosité en poursuivant un étrange lapin, qui l'emmènera vers des contrées fabuleuses ! De découvertes en épreuves, suivez Alice !

- **Yanagita Kunio**, ***La Chambre interdite***, 1930

Une femme recueille un bon vieillard. Elle lui laisse libre accès à sa maison en son absence. Seule une chambre lui est interdite. S'il respecte cet engagement, elle lui révélera un secret. Saura-t-il résister ?

- **Pierre Gripari**, ***La Sorcière du placard aux balais***, 1967

Monsieur Pierre achète une maison bon marché. Seulement voilà : lorsqu'il se présente à ses voisins, il ne semble pas le bienvenu. Il finit par comprendre. Quel est le terrible secret de cette maison ?

À voir

- **Hall Bartlett**, ***Jonathan Livingstone le Goéland***, 1973

Jonathan est un oiseau à l'existence monotone. Son défi ? Voler toujours plus haut et toujours plus vite. Et surtout découvrir le monde. Les siens le rejettent car il n'a pas respecté leurs règles. D'autres épreuves douloureuses l'attendent... mais de nouveaux amis, aussi. S'approchera-t-il de la vérité en dépassant ses limites ?

- **Hayao Miyazaki**, ***Nausicaa de la vallée du vent***, 1982

Deux empires en guerre, une forêt de bactéries, des insectes géants, une civilisation moderne disparue... Une jeune fille courageuse, sensible et amoureuse de l'humanité, tente obstinément de comprendre pourquoi le monde en est arrivé là. Sa quête de la vérité lui fera traverser des épreuves douloureuses qui la feront mûrir.

- **John Musker et Ron Clements**, ***La Petite Sirène***, 1989

Fascinée par les humains, la petite Sirène échangerait volontiers sa nageoire contre des jambes, pour devenir une femme. La sorcière des mers le lui propose, mais réclame sa voix en échange. C'est le prix que devra payer la Sirène pour assouvir sa curiosité...

- **Tim Burton**, ***L'Étrange Noël de monsieur Jack***, 1994

La vie de Jack, le roi des citrouilles, est bouleversée le jour où il se retrouve dans une étrange forêt, face à un sapin lumineux et coloré. Il actionne une mystérieuse poignée de porte fixée au tronc et se retrouve aspiré dans un autre univers. Que va-t-il découvrir ?

- **Jean-Pierre Jeunet**, ***Le Fabuleux Destin d'Amélie Poulain***, 2001

À Paris, dans le quartier Montmartre, Amélie mène une vie sans histoire... jusqu'au jour où elle découvre par hasard une vieille boîte métallique mystérieuse, remplie de souvenirs. Fascinée par sa découverte, elle se met en quête de son propriétaire, se promettant de le rendre heureux !

TABLE DES ILLUSTRATIONS

Illustration de couverture : Hartland Villa.
p. 4 : *Jeune fille écoutant à la porte*, carte de Noël (lithographie), 1908. AKG-images.
p. 5 : Collection KHARBINE-TAPABOR.
p. 6 : BIS/Ph. © Archives Larbor.
p. 8 : BIS/Ph. Coll Archives Larbor.
p. 10 : BIS/Ph. Coll. Archives Larbor.
p. 12 : Illustration anonyme russe (1911). KHARBINE-TAPABOR/Collection IM.
p. 13 : DR.
p. 20 : Illustration d'Isidore Granville pour *La Barbe Bleue*, 1851. BIS/Ph. Jeanbor © Archives Larbor.
p. 29 : HEMERA.
p. 39 : Shutterstock/Erika Kabok.
p. 75 : BRIDGEMAN-GIRAUDON © Collection privée/Archives Charmet.
p. 81 : Shutterstock/Franziska Richter.
p. 82 : Shutterstock/Phoenix designer.
p. 89 : Illustration de Peggy O'Sheel pour *L'Enfant d'Éléphant*, 1992. BRIDGEMAN-GIRAUDON/Collection privée.

p I et 28 : LEEMAGE/Costa.
p II et 38 : BRIDGEMAN-GIRAUDON.
p III et 71 : Collection KHARBINE-TAPABOR.
p IV et 71 : Collection CHRISTOPHE L © Walt Disney.

Conception graphique : Julie Lannes
Design de couverture : Denis Hoch
Recherche iconographique : Gaëlle Mary
Illustrations (p. 14, 30 et 40-41) : Buster Bone
Mise en page : ScienTech Livre
Correction : Sylvie Porté
Édition : Davina Rowley
Coordination éditoriale : Marion Noesser
Direction éditoriale : Marie-Hélène Tournadre
Fabrication : Marine Garguy

N° d'éditeur : 10188446 - Dépôt légal : Décembre 2012
Imprimé en France par I.M.E. - 25110 Baume-les-Dames

COLLÈGE

73. **Balzac**, *Adieu*
65. **Bédier**, *Tristan et Iseut*
74. **Chrétien de Troyes**, *Yvain, le Chevalier au lion*
51. **Courteline**, *Le gendarme est sans pitié*
38. **Dumas**, *Les Frères corses*
71. **Feydeau**, *Un fil à la patte*
67. **Gautier**, *La Morte amoureuse*
1. **Homère**, *L'Odyssée*
29. **Hugo**, *Le Dernier Jour d'un condamné*
2. **La Fontaine**, *Le Loup dans les Fables*
3. **Leprince de Beaumont**, *La Belle et la Bête*
10. **Maupassant**, *Boule de suif*
26. **Maupassant**, *La Folie dans les nouvelles fantastiques*
43. **Maupassant**, *Quatre nouvelles normandes* (anthologie)
62. **Mérimée**, *Carmen*
11. **Mérimée**, *La Vénus d'Ille*
68. **Molière**, *George Dandin*
7. **Molière**, *L'Avare*
23. **Molière**, *Le Bourgeois gentilhomme*
58. **Molière**, *Le Malade imaginaire*
70. **Molière**, *Le Médecin malgré lui*
52. **Molière**, *Le Sicilien*
36. **Molière**, *Les Fourberies de Scapin*
6. **Nicodème**, *Wiggins et le perroquet muet*
21. **Noguès**, *Le Faucon déniché*
59. **Perrault**, *Trois contes* (anthologie)
8. **Pouchkine**, *La Dame de pique*
39. **Rostand**, *Cyrano de Bergerac*
24. **Simenon**, *L'Affaire Saint-Fiacre*
9. **Stevenson**, *Le Cas étrange du Dr Jekyll et de M. Hyde*
54. **Tolstoï**, *Enfance*
61. **Verne**, *Un hivernage dans les glaces*
25. **Voltaire**, *Le Monde comme il va*
53. **Zola**, *Nantas*
42. **Zweig**, *Le Joueur d'échecs*
4. *La Farce du cuvier* (anonyme)
37. *Le Roman de Renart* (anonyme)
5. *Quatre fabliaux du Moyen Âge* (anthologie)
41. *Les Textes fondateurs* (anthologie)
22. *Trois contes sur la curiosité* (anthologie)
44. *Quatre contes de sorcières* (anthologie)
27. *Quatre nouvelles réalistes sur l'argent* (anthologie)
64. *Ali Baba et les quarante voleurs*

LYCÉE

33. **Balzac**, *Gobseck*
60. **Balzac**, *L'Auberge rouge*
47. **Balzac**, *La Duchesse de Langeais*
18. **Balzac**, *Le Chef-d'œuvre inconnu*
72. **Balzac**, *Pierre Grassou*
32. **Beaumarchais**, *Le Mariage de Figaro*
20. **Corneille**, *Le Cid*
56. **Flaubert**, *Un cœur simple*
49. **Hugo**, *Ruy Blas*
57. **Marivaux**, *Les Acteurs de bonne foi*
48. **Marivaux**, *L'Île des esclaves*
19. **Maupassant**, *La Maison Tellier*
69. **Maupassant**, *Une Partie de campagne*
55. **Molière**, *Amphitryon*
15. **Molière**, *Dom Juan*
35. **Molière**, *Le Tartuffe*
63. **Musset**, *Les Caprices de Marianne*
14. **Musset**, *On ne badine pas avec l'amour*
46. **Racine**, *Andromaque*
66. **Racine**, *Britannicus*
30. **Racine**, *Phèdre*
13. **Rimbaud**, *Illuminations*
50. **Verlaine**, *Fêtes galantes, Romances sans paroles*
45. **Voltaire**, *Candide*
17. **Voltaire**, *Micromégas*
31. *L'Encyclopédie* (anthologie)
75. *L'Homme en débat au XVIIIe siècle* (anthologie)